Carsta Langner

Vereintes Europa

Zur diskursiven Konstruktion einer europäischen Identität und ihrer Reproduktion in Schulbüchern

Carsta Langner

VEREINTES EUROPA

Zur diskursiven Konstruktion einer europäischen Identität und ihrer Reproduktion in Schulbüchern

ibidem-Verlag
Stuttgart

Bibliografische Information der Deutschen Nationalbibliothek
Die Deutsche Nationalbibliothek verzeichnet diese Publikation in der Deutschen Nationalbibliografie; detaillierte bibliografische Daten sind im Internet über http://dnb.d-nb.de abrufbar.

Bibliographic information published by the Deutsche Nationalbibliothek
Die Deutsche Nationalbibliothek lists this publication in the Deutsche Nationalbibliografie; detailed bibliographic data are available in the Internet at http://dnb.d-nb.de.

∞

Gedruckt auf alterungsbeständigem, säurefreien Papier
Printed on acid-free paper

ISBN-10: 3-89821-992-5

ISBN-13: 978-3-89821-992-1

Printed in Germany

Inhaltsverzeichnis

1. Einleitung 7

2. Zum Gebrauch der Begriffe 14

2.1 Identität 14
2.1.1 Personale Identität 14
2.1.2 Kollektive Identität 17
2.1.3 Nationale Identität 22
2.2 Diskurs 27

3. Zur Methode der Untersuchung 30

3.1 Die Diskursanalyse 30
3.2 Die Inhaltsanalyse 32
3.3 Hypothesen 38

4. Der Diskurs über die europäische Identität 41

4.1 Europäische Identität und Öffentlichkeit 44
4.2 Europäische Identität und Geschichte 48
4.3 Europäische Identität und Kultur 52
4.4 Europäische Identität und Politik 56
4.5 Europäische Identität und die Anderen 58
4.5.1 Abgrenzungen zu den USA 58
4.5.2 Die Türkei 60
4.6 Europäische Identität im Diskurs – Ein Zwischenresümee 63

5. Europäische Identitätsangebote im Schulbuch 65

5.1 Europäische Identität im Geschichtsbuch – Datenanalyse I 70
5.1.1 Europa im Schulbuch – Ein qualitativer Vergleich 77
5.1.2 Europa in den Geschichtsbüchern – Zwischenfazit 84
5.2 Europäische Identität im Sozialkundebuch – Datenanalyse II 87
5.3 Fehlerquellen – Reliabilität, Validität und Replizierbarkeit 91

6. Resümee 95

7. Literaturverzeichnis 101

8. Anhang 116

1. Einleitung

Die Beschäftigung mit dem Phänomen der kollektiven Identität stellt bereits ohne konkretere Untersuchungsfrage eine spannende Aufgabe dar. Können Gruppen überhaupt eine Identität haben? Etwas, das identisch im Sinne von A≡A ist?

Besonders interessant sind dabei die nationalen Kollektive, deren Mitglieder sich nicht aufgrund eines speziellen Programms oder einer Aufgabe mit dem Kollektiv identifizieren, sondern sich meist schon durch die bloße Tatsache der Geburt innerhalb eines spezifischen Territoriums zu dieser Gruppe zugehörig fühlen. Um sich mit einem Objekt (z.B. der Nation) identifizieren zu können, braucht jenes jedoch zunächst eine Identität.

Nationen sind nach Benedict Anderson vorgestellte politische Gemeinschaften, „weil die Mitglieder selbst der kleinsten Nation die meisten anderen niemals kennen, ihnen begegnen oder auch nur von ihnen hören werden, aber im Kopf eines jeden die Vorstellung ihrer Gemeinschaft existiert" (Anderson 2005: 16). Man könnte die Frage stellen, was dazu führt, dass sich Individuen, die in keinem direkten Kontakt zueinander stehen und auch kein gemeinsames Ziel verfolgen, zusammengehörig fühlen. Ist es die gemeinsame Sprache, die gemeinsame Kultur oder ein gemeinsames politisches System? Fragen dieser Art werden in der zahlreichen Literatur zu dem Thema der nationalen Identität aufgeworfen und in recht unterschiedlicher Weise beantwortet.

In seinem Text zur Nation und dem Nationalstaat im Wandel zeigt Hagen Schulze auf, wie die Nationen Europas „aus der Taufe [ge]hoben" (Schulze 2004: 54) wurden. Danach „waren es die wenigen ‚Erwecker', die Intellektuellen, die davon ausgingen, dass die Nation sich in einer einheitlichen Sprache manifestiere und sprachliche Uniformität Voraussetzung des Nationalstaates sei" (ebd.: 55). An den Beispielen Deutschland und Frankreich zeichnet Schulze nach, wie erst die bewusste Sprachplanung durch einige Intellektuelle und Eliten eine nationale Hochsprache nach sich zog.[1] Die Entstehung von Nationen und nationaler Identität ist somit ein Konstruktionsprodukt des 19. Jahrhunderts.

[1] In Bezug auf Frankreich schreibt Schulze: „Mit dem Schulgesetz vom 21. Oktober 1793 wurde verfügt, dass alle Kinder Französisch lesen und schreiben lernen sollten. Der Abgeordnete Barère erklärte im Namen des Ausschusses für Unterrichtswesen, dass fortan die Sprache ‚eins wie die Republik' werden müsse. Bis dahin war es ein langer Weg; die Einheit von französischer Nation und

Die Frage, ob dieser Prozess mit der aktuellen Konstruktion einer europäischen Identität vergleichbar ist, wird zahlreichen Publikationen, die in den letzten Jahren zu dem noch jungen Thema erschienen sind, aufgeworfen. Mit der vorliegenden Studie soll ein Beitrag zu diesem Forschungsstrang geleistet werden. Die Begründung für die Brisanz einer Auseinandersetzung mit dem Thema der europäischen Identität soll dem Leser nicht verwehrt werden.

Die Europäische Union wurde vor 50 Jahren als Europäische Wirtschaftsgemeinschaft von einer wirtschaftlichen und politischen Elite ins Leben gerufen. Seither hat sich ihr Kompetenzraum kontinuierlich erweitert. Ihre Regelungsbefugnisse beschränken sich gegenwärtig nicht mehr nur auf die Schaffung eines einheitlichen Binnenmarktes. Mittels positiver Integrationsinstrumente übt sie auch in Politikfeldern wie der Arbeits- und Sozialpolitik direkten Einfluss auf die Lebensverhältnisse der europäischen Bevölkerung aus.

Ein besonders kritisches Moment dieser Entwicklung stellt dabei jedoch die Legitimationsgrundlage dar.

Nach Fritz W. Scharpf können politische Entscheidungen jeweils durch eine input-orientierte oder output-orientierte Perspektive legitimiert werden (Scharpf 1999: 16). Erstere kann demnach auch als Herrschaft *durch das Volk*, letztere als Herrschaft *für das Volk* bezeichnet werden. Die EU legitimiert sich bislang vorwiegend durch Faktoren des *Outputs*. Politische Entscheidungen sind danach legitim, „wenn und weil sie auf wirksame Weise das allgemeine Wohl im jeweiligen Gemeinwesen fördern" (ebd.: 16). Fritz W. Scharpf schlussfolgert, dass output-orientierte Legitimation auf einem gemeinsamen Interesse und weniger auf einer gemeinsamen Identität beruht.

Die input-orientierte Perspektive, also die Herrschaft durch das Volk, setzt dagegen „Prozesse politischer Willensbildung und Kontrolle voraus" (ebd.: 19). Jürgen Habermas zufolge werden diese jedoch nicht möglich sein, „ohne das Bewusstsein, über nationale Grenzen hinweg demselben politischen Gemeinwesen anzugehören" (Habermas 2004: 71). Die europäische Identität ist demnach die Grundlage eines politischen Systems, das seine Regelungskompetenzen kontinuierlich ausbaut und seine eigene Stabilität nicht gefährden möchte. Daraus ergibt sich die theoretische Vorannahme: „Demokratische Entscheidungsprozesse setzen voraus, daß die am Entscheidungsprozess Beteiligten eine kollektive Identität aufweisen." (Zürn 1996: 39).

---

französischer Sprache ist erst im Laufe des 20. Jahrhunderts vollständig verwirklicht den." (Schulze 2004: 57)

Darüber hinaus ermöglicht eine europäische Identität den nötigen Rückhalt für die Akzeptanz von politischen Entscheidungen. Europäische politische Herrschaft ist, wie in den Nationalstaaten auch, eine Mehrheitsherrschaft. Diese setzt ein gewisses Maß an Vertrauen voraus, um auch Entscheidungen zu akzeptieren, die die eigene Wohlfahrt nicht steigern, sondern zeitweise sogar senken. Dieses Vertrauen in völlig unbekannte Personen kann nur mit einem Gemeinsamkeitsglauben begründet werden, den eine kollektive Identität nach sich ziehen kann.

Damit kommt der Auseinandersetzung mit dem Thema einer europäischen Identität nicht nur eine soziologische, sondern auch eine nicht zu unterschätzende politikwissenschaftliche Bedeutung zu. Insbesondere in Momenten, in denen die hohen institutionellen Anforderungen an die EU als Grundlage einer effektiven Problemlösung an ihre Grenzen stoßen, kann eine starke kollektive Identität „auch Maßnahmen der interpersonellen und interregionalen Umverteilung legitimieren, die anderenfalls nicht akzeptabel sind"(Scharpf 1999: 18).

Die Fragestellung kann demnach wie folgt formuliert werden: Wird eine europäische Identität im sozialwissenschaftlichen Diskurs konstruiert und wie gestaltet sie sich? Um diese beantworten zu können, muss man zunächst klären, wie eine kollektive Identität entsteht? In dieser Studie wird von einer konstruktivistischen Position ausgegangen, die Kollektive, beispielsweise in Form von Nationen, als mentales Konstrukt bezeichnet (Wodak 1998: 61). Realitäten, wie die der Sprache, geschichtlicher Ereignisse und gemeinsamer kultureller Praxen, werden demnach, im Gegensatz zu einer essentiellen Perspektive, nicht als präexistente Grundlagen einer kollektiven Identität angenommen, sondern als Interpretationsmaterial zur Konstruktion einer gemeinsamen Identität gesehen. Konstruktion bedeutet dabei jedoch nicht einfach nur Erfindung, so wie es der Titel zum bekannten Buch von Benedict Anderson „Zur Erfindung der Nation" vorgibt. Vielmehr hängt die Interpretation der Fakten für die Bildung von Kollektiven, wie der Nation, von dem „Willen" der Beteiligten ab, eine Gemeinschaft zu sein.

Im Folgenden soll davon ausgegangen werden, dass die Konstruktion von Identität vor allem narrativ vonstatten geht (Wagner 2006: 19). Identitätsbildung setzt somit Kommunikation voraus. Ohne kommunikative Akte kann aus der Wirklichkeit kein Sinn konstruiert werden (Wedl 2006: 310). Auch kollektive Identitäten werden demnach sprachlich konstruiert. Dabei muss erneut betont werden, dass es sich dabei nicht um ein Erfinden oder Ausdenken handelt. Sprachliche Konstruktion von kollektiven Identitäten bedeutet vielmehr die kommunikative Aushandlung darüber, welche

Bezugsobjekte als Grundlage für die gemeinsame Identität geltend gemacht werden und welche nicht. So kann eine einheitliche Sprache Teil einer Identität sein. Ihr Fehlen innerhalb einer Nation, wie beispielsweise in der Schweiz, kann jedoch ebenfalls als Begründung für eine gemeinsame Identität dienen. Das Vorhandensein gemeinsamer Objekte für eine kollektive Identität, wie M. Rainer Lepsius es beschreibt, darf zwar bei dem Prozess der Identitätsbildung nicht außen vor gelassen werden (Lepsius 2004: 3), doch erst die sprachliche Fixierung, dass es sich dabei auch um ein gemeinsam geteiltes Bezugsobjekt handelt, macht dieses zum Teil der kollektiven Identität. Ein Beispiel dafür ist das morgendliche Lesen der überregionalen Tageszeitung, dessen Wirkung für die Konstituierung einer kollektiven Identität Benedict Anderson sehr anschaulich beschreibt:

> „Dieser Massenzeremonie [...] ist ein Paradox zu eigen. Sie wird in zurückgezogener Privatheit vollzogen, [...] aber jedem Leser ist bewußt, daß seine Zeremonie gleichzeitig von Tausenden (oder Millionen) anderer vollzogen wird, von deren Existenz er überzeugt ist, von deren Identität er jedoch keine Ahnung hat." (Anderson 2005: 41).

Das gemeinsame Bezugsobjekt Zeitung ist somit ein Fakt, der aber für eine gemeinsame Identität keine Bedeutung hätte, wüsste man nicht, dass auch zahlreiche andere sie lesen. Jene Information wird erst durch Kommunikation an den Einzelnen herangetragen.

Für die Untersuchung der Konstituierung einer gemeinsamen Identität liegt somit die Analyse von Kommunikationsmedien nahe. Diese können vielfältiger Natur sein. Die Grundlage des empirischen Teils bildet die Analyse von Schulbüchern. Die in den Schulbüchern behandelten Themen sind durch Lehrpläne determiniert und werden durch die Autoren individuell umgesetzt. Schulbücher widerspiegeln somit auf der Ebene der Allgemeinbildung den Stand der Diskussion, sowohl was die Auswahl der Themen als auch die Denkrichtung betrifft. Aus einer Diskursanalyse sollen zunächst mögliche Deutungsangebote für eine Identität Europas herausgefiltert werden. In welchem Maße diese Deutungsangebote im Schulbuch umgesetzt werden, wird anschließend zu prüfen sein.

Die Funktion von Diskursen für die Konstituierung einer kollektiven Identität ist ambivalent. Da ein Diskurs eine Form von sozialer Praxis darstellt, trägt er zur Herausbildung einer gemeinsamen Identität bei. Gleichzeitig, und an der Stelle unterscheidet er sich von anderen sozialen Praxen, artikuliert er diese Identität (Wodak 1998: 70). Eine Diskursanalyse ist für die Untersuchung zur Konstituierung einer europäischen Identität die geeignetste Methode, die jedoch auch durch andere ergänzt werden kann. Sylke Nissen analysiert in ihrem Artikel „Europäische Identität und die Zukunft Europas" Daten aus dem Eurobarometer. Ziel ihrer Arbeit ist, die Unterstützungsbereitschaft der Europäer für den Integrationsprozess (Nissen 2004: 21- 29) zu messen. Eine derartige Methode hat ihre Berechtigung, eignet sich jedoch nicht für die hier aufgeworfene Fragestellung. Die Begründung dafür findet sich in der Definition des Begriffs der *kollektiven Identität*, welche an dieser Stelle nicht vorweggenommen werden soll, sondern im zweiten Kapitel „Zum Gebrauch der Begriffe" vorzufinden ist. Die detaillierte Darstellung des Begriffs ist notwendig, um die für die Analyse des empirischen Materials herangezogenen Dimensionen einer kollektiven Identität auf europäischer Ebene zu begründen.

An dieser Stelle ist es nichtsdestotrotz, hilfreich zu erklären, dass der Begriff der kollektiven Identität, der dieser Untersuchung zugrunde liegt, sich an dem Kollektiv, also an dem Objekt, orientiert. Das Kollektiv muss demnach identifiziert werden können, das heißt: „es muss im Raum lokalisierbar und über die Zeit wiedererkennbar sein" (Reese-Schäfer 1999: 16). Es geht somit, wie bereits erwähnt, um die Identität des Kollektivs und weniger um die „Identifikation einzelner mit einem derartigen Kollektiv, welche oft auch mit dem Wort ‚kollektive Identität' belegt wird" (ebd.: 17). Diese Herangehensweise kann durch einen Vergleich mit der Geschlechterforschung, deren Grundlage ebenfalls die kollektive Identität darstellt, näher begründet werden. Die binäre Zuschreibung bestimmter Eigenschaften auf die zwei biologischen Geschlechter, geschieht auch in diesem Fall diskursiv. Die Beantwortung der Frage, inwieweit sich Menschen mit den sekundären Geschlechtsmerkmalen einer Frau auch als solche fühlen, also sich mit dem Kollektiv „Frau" identifizieren, macht jene nicht weniger zum Kollektiv zugehörig. Die als weiblich geltenden Merkmale werden im Diskurs produziert. Es geht in dieser Arbeit somit explizit um die Identität und nicht um die Identifikation mit Europa.

Nach der Klärung wichtiger Begriffe im zweiten Kapitel schließt das dritte mit der Darstellung der hier angewendeten Methoden und dem Aufwerfen der zu untersuchenden Hypothesen an. Im vierten Kapitel werden die im sozialwissenschaftlichen Diskurs befindlichen Deutungsangebote für eine europäische Identität aufgezeigt. Die Frage, ob sich diese in Schulbüchern reproduzieren, ist Gegenstand des fünften Kapitels.

Zusätzlich soll die Frage analysiert werden, ob gemeinsame Willensbildung in Form von europäischen Diskursen und Berichterstattung über Europa eine kollektive Iden-

tität voraussetzen. Dazu muss auf vorhandene Untersuchungen zurückgegriffen werden, die sich mit dem Schlagwort *europäische(s) Öffentlichkeit(sdefizit)* bereits auseinandergesetzt haben. Gibt es eine europäische Öffentlichkeit und wenn nicht, ist ihr Fehlen, in der vielleicht nicht vorhandenen europäischen Identität zu suchen?
Wie empirische Untersuchungen der deutschen Medienlandschaft hinsichtlich ihrer EU-Berichterstattung zeigen, sind Europäisierungstendenzen zwar sichtbar. Den Bedeutungswandel der EU bilden sie jedoch nur unzureichend ab (Scherer/Vesper 2004: 210). In der Fernsehberichterstattung als auch in den Tageszeitungen wurde die Machtverschiebung noch nicht nachvollzogen (Lauf/Peter 2004; Scherer/Vesper 2004). Die marginale Präsenz europäischer Themen in den Medien hat zur Folge, dass das Wissen über die Europäische Union und ihrer Mitgliedsstaaten in der Bevölkerung äußerst gering ist. Ergebnisse der Eurobarometer-Befragungen, die an dieser Stelle durchaus sinnvoll sind, belegen dies eindeutig.
Dieses Öffentlichkeitsdefizit hat aus demokratietheoretischer Sicht fatale Folgen. In Bezug auf das Europäische Parlament wird von Autoren wie beispielsweise Oskar Niedermayer die Hypothese aufgestellt, dass die Aufgabe der Politikgestaltung aufgrund der mangelnden Interaktion zwischen Parlament und Bürgern stark eingeschränkt ist (Niedermayer 1994: 30). Da Informationskanäle wie die Massenmedien nicht genutzt werden, ist auch die Erfüllung der Responsivität der Repräsentanten gegenüber den Repräsentierten nur begrenzt möglich. Entscheidungen entstehen somit ohne direkten Kontakt zwischen EU-Institutionen und Bürgern. Umgekehrt haben die Bürger aufgrund des fehlenden Wissens über die institutionellen Strukturen der Europäischen Union nicht die notwendige Grundlage, um zum einen den richtigen Adressaten für ihre Anliegen ausfindig zu machen und um sich zum anderen über nationale Grenzen hinweg politisch zu organisieren. Besonders für Letzteres sind supranationale europäische Diskurse notwendig, die jedoch erst durch Wahrnehmung Europas als *ein* politisches Kollektiv, als ein politischer Demos, sich entwickeln werden.
Dies widerspricht unter anderem der These von Hans-Jörg Trenz, der behauptet, dass es keinen transnationalen Demos geben muss, damit Kommunikation stattfindet (Trenz 2002: 26). In Anlehnung an Hannah Arendt schreibt er:

> „Entsprechend konstituiert sich der öffentliche Raum über die gemeinsame Relevanz des Streites darüber, dass ungeachtet aller Unterschiede der Position und der daraus resultierenden Vielfalt der Aspekte doch offenkundig ist, dass alle mit demselben Gegenstand befasst sind'" (Trenz: 27).

Dagegen behauptet der Berliner Soziologe Bernhard Giesen, dass kollektive Identität die Grundlage für öffentliche Kommunikation ist. Die kollektive Identität des unsichtbaren Publikums wäre dann der Ersatz für die Nicht-Anwesenheit eines realen Gegenübers. Ob Öffentlichkeitsdefizit und fehlende Identität zusammenhängen und wie dies theoretisch geklärt wird, ist somit eine zusätzliche Frage in dieser Studie.

2. Zum Gebrauch der Begriffe

Der Titel der vorliegenden Untersuchung, *Zur diskursiven Konstruktion einer europäischen Identität* legt nahe, zunächst eine Begriffsbestimmung vorzulegen.
Die Erläuterung der hier verwendeten Begriffe erhebt nicht den Anspruch, eine Letztbegründung zu sein und somit einen Anspruch auf Vollständigkeit zu vertreten. Dem Leser verständlich zu machen, was die Autorin unter den Begriffen subsumiert, um die anschließende empirische Analyse nachvollziehen und anschließend verifizieren oder falsifizieren zu können, ist Ziel des Kapitels.

Begonnen wird mit den Erläuterungen zum Begriff Identität.

2.1 Identität

2.1.1 Personale Identität

Da sich diese Studie mit der europäischen Identität befasst, könnte es sinnvoll erscheinen, mit den Merkmalen *kollektiver* Identität zu beginnen. Zum exakten Umgang mit den Begriffen wird dieser Punkt jedoch zunächst nach hinten verschoben. Zunächst soll der Begriff der Identität besprochen werden, der aus Psychoanalyse und der Sozialpsychologie entstammt. Die Begründung für diesen Schritt liegt in der Frage von Lutz Niethammer, ob menschliche Kollektive überhaupt identisch sein können oder gar sein müssen (Niethammer 2000: 19). Diese Frage ist plausibel, kann jedoch nur beantwortet werden wenn sie auf die Individualebene heruntergebrochen wird.
Kann, so soll die einleitende Frage lauten, ein Individuum eine Identität besitzen?
Mit den Argumenten des Soziologen Lothar Krappmann muss die Antwort dahingehend negativ ausfallen, dass ein Individuum keine Identität *besitzen*, sondern lediglich konstruieren kann.

> „Identität zu gewinnen und zu präsentieren ist ein in jeder Situation angesichts neuer Erwartungen und im Hinblick auf die jeweils unterschiedliche Identität von Handlungs- und Gesprächspartnern zu leistender kreativer Akt." (Krappmann 1969: 11).

Damit wird bereits der Dualismus von Essentialismus und Konstruktivismus angesprochen, auf den später noch eingegangen wird.
Nach Krappmann stellt die Identität die Grundlage für gemeinsame Kommunikationen und Handlungen dar. Das Individuum zeigt durch sie an, „wer es ist“ (Krappmann 1969: 9). Dadurch wird Verhalten erwartbar und erst möglich gemacht.[2] Identität bedeutet dabei kein starres Selbstbild, sondern die Fähigkeit, die eigenen Erwartungen und die der Interaktionspartner in den jeweiligen Kommunikationssituationen zu berücksichtigen, damit sie nicht zum Erliegen kommen. Hans-Peter Frey und Karl Haußer bieten eine kurze und prägnante Definition, welche jener von Krappmann äußerst nah ist:

> „Überdauernde Interaktionsbeziehungen, und damit Gesellschaften, sind nur möglich, wenn der andere ‚weiß‘ wer ich bin. Dazu muß ich dem anderen deutlich machen, wer ich bin. Das kann ich nur, wenn ich ‚weiß‘ wer ich bin, und das hängt wiederum davon ab, was ich bislang darüber erfahren habe über mich und wie ich diese Erfahrung über mich selbst zu einem Bild über mich selbst zusammenfüge, von dem ich sage: ‚Das bin ich!‘“ (Frey/ Haußer 1987: 6)

Identität kann somit a priori niemals nur allein vom Individuum gedacht werden. Sie bezeichnet „als gesellschaftliche Kategorie das Verhältnis zwischen Individuum und Gesellschaft“ und ist deshalb auch keine anthropologische Grundkonstante (Stross 1991: 2).
Da Identität immer von der, wie auch immer gearteten Interaktion mit anderen abhängt, ist eine Unterscheidung zwischen der Identität, die ein Individuum sich zu geben versucht und jener aus der Betrachterperspektive sinnvoll.[3] Beide müssen nicht übereinstimmen, aber sie sind in dem Ziel gleich, Orientierung zu schaffen, trennen sie doch das Identische von dem Nicht-Identischen und bauen damit Zuordnungen auf. Walter Reese-Schäfer bezeichnet Identität in Anlehnung an Charles Taylor deshalb als Rahmen, ohne den man nicht auskommen kann, „weil dann Orientierung ver-

[2] Als einer der Ersten machte der US-Amerikander George Herbert Mead auf die Bedeutung der personalen Identität für gesellschaftliche Situationen aufmerksam. Sein Buch *Mind, Self and Society. From the standpoint of a social behaviorist* erschien bereits 1934 in den USA. Die deutsche Übersetzung folgte aus politischen Umständen erst 33 Jahre später. Der Diskurs zur Identität war zu diesem Zeitpunkt in Deutschland bereits in vollem Gang und Mead wurde nur selten rezipiert. In den folgenden Ausführungen wird aus diesen Gründen auf seine Darstellungen verzichtet.

[3] Erstere wird bei Erik H. Erikson als Ich-Identität (Erikson 1966), letztere wird bei Anselm Strauss als soziale Identität bezeichnet.

loren ginge" (Reese-Schäfer 1999: 17). Das Individuum versucht eine eigene Identität aufzubauen, gleichzeitig schreibt es anderen eine Identität zu. In der Literatur wird an einigen Stellen betont, dass Identität nicht nur als Begriff erst im 20. Jahrhunderts in Erscheinung tritt, sondern auch die damit beschriebenen Phänomene. Sie ist ein Konstrukt, „um angesichts zunehmend diskontinuierlicher Vergesellschaftung des Menschen seine lebensgeschichtliche Kontinuität zu Bewußtsein zu bringen und bewußt zu balancieren, wenn schon nicht steuern zu können" (Niethammer 2000: 63). Kennt der Mensch so etwas wie Identität oder damit verbundene Identitätsprobleme erst seit dem letzten Jahrhundert? Diese Auffassung wird hier verneint. Durch Kleidung und Sprachstil, Gestiken und Mimiken hat der Mensch historisch betrachtet, seit jeher seine Zugehörigkeit angezeigt, in dem er sein Selbst und die Anforderungen aus seiner Umwelt an ihn ausbalanciert hat. Identität ist somit an die Fähigkeit zur Reflexion gebunden, die Frey und Haußer als humanspezifische Grundtatsache bezeichnen (Frey/ Haußer 1987: 5).

Der Unterschied zwischen vormodernen und modernen Identitätskonstruktionen besteht lediglich in der Bewusstmachung dieses Prozesses, den man als „Übergang von einem traditionellen Verhalten, dem sich jeder Mensch an dem sozialen Platz, auf den er gestellt war, verpflichtet fühlte, zu der Vorstellung, dass der Mensch der Schöpfer seiner selbst ist und selbst entscheidet, was aus ihm wird" (Abels 2006: 17). Diesen Übergang ordnen die meisten Autoren der Moderne zu.

Ein Selbstbild von sich zu zeichnen und das eigene Verhalten darauf abzustimmen, scheint in der Moderne immer leichter möglich, jedoch auch nötig zu sein.[4] *Angeborene, leibliche* Eigenschaften, wie das Geschlecht und das *Hineingeborenwerden* in soziale Zusammenhänge, wie den Stand oder die Klasse, tragen in schwächer werdender Weise Erwartungen an das Individuum heran, welche es mit seinen eigenen Bedürfnissen in Einklang bringen muss. Sekundäre weibliche Geschlechtsmerkmale binden das Individuum beispielweise weniger stark an typisch weibliche Verhaltensweisen, und auch die soziale Herkunft erfordert nicht mehr zwangsläufig, d.h. unter Androhung sozialer Sanktionen, wie dem Abbruch der Kommunikation, einen vorbestimmten Habitus, mit dem man anzeigt, *wer man ist* und zu wem man gehört.

Das Individuum kann, aber es muss sich nun seine Identität selbst suchen. Der Zwang zur Identität findet sich in dem Drang zur Aufrechterhaltung von Kontinuität und

---

[4] Heinz Abels beispielsweise beginnt in seinem Buch mit der These, „dass wir in einer fortgeschrittenen Moderne leben, in der wir immer häufiger auf die Frage gestoßen werden, wer wir sind." (Abels 2006: 15)

Kohärenz des eigenen Selbstbildes, aber auch durch die Verpflichtung, die Einzigartigkeit des eigenen Individuums zu demonstrieren (ebd.: 18).
In diesem Zusammenhang muss auch der Begriff Individualität genannt werden, der oft mit dem der Identität synonym verwendet wird. Krappmann setzt die Individualität mit der Identität insofern gleich, indem beide die Besonderheit des Individuums bezeichnen (Krappmann 1969: 11). Dieser Feststellung kann man soweit zustimmen, dass Identität eines Individuums aus der Betrachterperspektive nur möglich ist, indem es Besonderheiten aufweist und dadurch von anderen unterscheidbar macht. Trotzdem muss betont werden, „daß die Begriffe Identität und Individualität für zwei sachlich unbedingt zu unterscheidende Aspekte einer Theorie menschlicher Subjektivität stehen“ (Straub 1998: 78). Identität betont nach Jürgen Straub den aktiven Versuch der Kontinuität und Kohärenz der Lebenspraxis einer Person, während Individualität deren Unverwechselbarkeit hervorhebt (ebd.: 75/78). Autoren wie Heinz Abels versuchen unter dem Begriff der Identität, beide Aspekte – Kontinuität und Einzigartigkeit in der Interaktion mit anderen – zu subsumieren (Abels 2001: 196).
Auch hier wird davon ausgegangen, dass beide Begriffe unterschiedliche Aspekte betonen, sie aber nicht vollkommen getrennt voneinander benutzt werden können. Identität geht einher mit der Möglichkeit für ein anderes Individuum erkennbar, also identifizierbar zu sein. Identität und Individualität implizieren beide die Möglichkeit zur Differenzierung Trotzdem stellt Individualität eine gesonderte Form der Identität dar: die normative Forderung sich einmalig zu machen (Frey/ Haußer 1987: 9). Ein Aspekt, der für die späteren Schlussfolgerungen nicht irrelevant ist.

2.1.2 Kollektive Identität

Reinhard Kreckel schreibt in seinem Text *Soziale Integration und nationale Identität*, dass Individuen eine Identität ausbilden können, Kollektive jedoch nicht.[5]
Aus den vorherigen Ausführungen wird deutlich, was es für die Individualebene bedeutet, eine Identität zu konstruieren. Lediglich mit den Schlagwörtern *Kohärenz*, *Kontinuität*, *Erkennbarkeit* und *Differenz* soll dies zusammengefasst werden.

---

[5] Kreckel betont, dass wir es mit einem ideologisierenden Sprachgebrauch zu tun haben, wenn einem Kollektiv, welches über die face-to-face Beziehung hinausgeht, eine Identität zugesprochen wird (Kreckel 1994: 14).

Da historisch betrachtet, die Suche nach der eigenen Identität mit der „Auflösung kulturell vordefinierter Identitätsmuster“ (Eickelpasch/Rademacher 2004: 7), ein auf den ersten Blick paradox anmutender Prozess, einhergeht, soll hier die These vertreten werden, dass individuelle und kollektive Identität keine zu trennenden Entitäten sind. Der US-amerikanische Psychoanalytiker Erik H. Erikson, der als Begründer der Identitätsforschung gilt, hat bereits in seinen ersten Schriften auf den Zusammenhang aufmerksam gemacht. So konnte Erikson feststellen, dass pathologische Reaktionen im Fall der Identitätsbildung nicht nur vom Individuum analysiert werden können. Siebo Siems schreibt in seinem Buch über *Die deutsche Karriere kollektiver Identität:*

> „Es handelt sich nicht um ein rein psychisches Problem, sondern die spezifische Form des Konflikts lässt sich nur unter Berücksichtigung von gesellschaftlichen und historischen Gesichtspunkten – und das bedeutet für ihn (Erikson, C.L.) nur durch eine theoretische Einbeziehung kollektiver und damit überindividueller Sinnzusammenhänge – erklären.“ (Siems 2007: 35).

Ebenso wie Erikson beschreibt Habermas den Zusammenhang zwischen individueller und kollektiver Identität. Die Identität des Ich kann sich demnach nur an der übergreifenden Identität einer Gruppe ausbilden (Habermas 1974: 28). Gruppenidentität stellt dem Individuum einen Kanon gesellschaftlich anerkannter Verhaltensweisen bereit, die der Herausbildung von personaler „Identität“ dienen und diese in ihrer Ausprägung bestimmen und begrenzen.

Lutz Niethammer, der die Notwendigkeit kollektiver Identitäten skeptisch betrachtet, leugnet diesen Zusammenhang nicht, konnotiert ihn dagegen anders, indem er schreibt, dass individuelle Identitäten Auseinandersetzungen mit Kollektiven implizieren, aber nicht mit kollektiven Identitäten (Niethammer 2000: 50).

Fraglich ist nun, wie ein solches Kollektiv erkennbar sein sollte ohne eigene Identität. Sollte es nicht erkennbar sein, müsste man den Begriff des Kollektivs selbst kritisch betrachten. An dieser Stelle folgt die Konkretisierung des Begriffs der *kollektiven Identität*, die für die anschließenden Ausführungen relevant ist. Ein Kollektiv, so eine weitere Prämisse, besitzt dann eine Identität, wenn es als solches identifiziert werden kann und damit wiedererkennbar ist:

> „In diesem Sinne kann man dann von einer Identität eines Kollektivs oder einer Institution sprechen, die begrifflich unterschieden werden muß von der Identifikation der einzelnen mit einem derartigen Kollektiv, welche oft auch mit dem Wort ‚kollektive Identität' belegt wird.“ (Reese-Schäfer 1999: 17)

Durch die oft unsaubere Trennung der Begriffe kommen in den Diskursbeiträgen Missverstände auf. Reinhard Kreckel beschreibt den Unterschied der Identität von Klein- und Großgruppen. Erstere bilden durch konkrete Interaktionsformen, geteilte Erlebnisse und reziproke Beziehungen, starke emotionale Bindungen aus (Kreckel 1994: 15). Diesem Standpunkt müssen zwei Argumente entgegengebracht werden, die für empirische Untersuchungen und theoretische Schlussfolgerungen relevant sind: Zum einen ist mit der Identität einer Gruppe nicht die emotionale Bindung des Individuums an diese verbunden.[6] Der Aspekt kann nur unter dem Begriff Identifikation untersucht werden. Zum anderen können jedoch auch Großgruppen emotionale Bindungen erzeugen, die nicht zu unterschätzen sind. Kreckel bezeichnet diese als unechte Wir-Gruppen. Inwieweit diese Differenz sinnvoll ist, wird an späterer Stelle beurteilt.

Neben der Unterscheidung zwischen Identität und Identifikation ist auch die Differenz zwischen aktiver und passiver Identitätsbildung sinnvoll. In ihrem Buch *Kollektive Identität* teilt Carolin Emcke die Theorien über Identitätsbildungen in zwei Gruppen. Die erste bezeichnet sie als Modelle mit intentionaler, aktiver Reproduktion von Praktiken und Bedeutungen. Ein bedeutender Vertreter ist John Rawls, der sich an der *rational-choice-theory* orientiert. Sein Ausgangspunkt ist das rational handelnde Subjekt, welches seine eigenen Interessen innerhalb eines Lebensplanes verfolgt. Gemeinschaften und Kulturen können dem Individuum Lebensformen anbieten, jedoch wählt dieses letztlich selbst seine Zugehörigkeit. Sozialisation, deren Bestandteile unter anderem kollektive Gedächtnisse und gemeinsame Erfahrungen sind, trägt, wenn überhaupt, nur zu einem geringen Teil zur Bildung kollektiver Identitäten bei. Personen besitzen demnach die Fähigkeit, Distanz zur eigenen Kultur einzunehmen und überlieferte Werte und Normen abzulehnen. Die dieser Konstruktion inhärente Problematik spricht Emcke bereits selbst an, wenn sie auf Fremdzuschreibungen als Form kollektiver Identität eingeht.

[6] Nicht nur im deutschsprachigen Raum finden sich Untersuchungen, die explizit auf die genaue Verwendung der Begriffe aufmerksam machen. So konzentriert sich die Studie von Michael Bruter individuelle Identitätsgefühle in Bezug auf Europa. Er weißt im Vergleich zu anderen Untersuchungen auf den Unterscheidung zwischen Identität und Identifikation hin, wenn er von der „distinction betweenn the ‚recognation' of a pre-existing identity and the active ‚identification' of an individual with the new group" (Bruter 2005: 13).

> „Eines der evidentesten Beispiele für dieses Problem der Fremdzuschreibung und Unterdrückung repräsentiert der Fall der assimilierten, säkularisierten oder getauften Juden im Deutschland des 19. Jahrhunderts." (Emcke 2000: 43)

Die Identität eines Kollektivs wird demnach nicht nur durch die eigenen, sondern auch durch Fremdzuschreibungen konstruiert. Wer ein Jude ist und was ihn ausmacht, bestimmt bezüglich des Beispiels nicht nur er selbst, sondern auch der Nicht-Jude. Emcke kommt deshalb auf Modelle mit passiver, unreflektierter Identitätsbildung zu sprechen. Innerhalb dieser Vorstellung soll sich auf die von Jean Paul Sartre gegebenen Reflexionen zu kollektiven Identitäten konzentriert werden. In seinem Essay *Zur Frage des Judentums* wendet auch er sich dem Problem der Fremdzuschreibungen für die Bildung kollektiver Identitäten zu. Im Bezug auf Rawls lässt sich zunächst konstatieren, dass die jüdische Identität nicht nur durch eine Interessengemeinschaft hervorgebracht wird. Wie die Geschichte beweist, wird der Jude durch die Ablehnung der Religion und der mit ihr verbundenen Traditionen nicht einfach zum Nicht-Juden. Der Antisemitismus trägt demnach nicht nur zur Unmöglichkeit bei, dass der Jude sich zum Nicht-Juden emanzipiert, sondern er produziert die jüdische Identität auch, indem intentionale Handlungen durch die Fremdzuschreibungen beeinflusst werden. Die Mitglieder eines Kollektivs orientieren ihre Handlungen an den Fremdzuschreibungen. Diese Handlungen wiederum bestätigen die Fremdzuschreibungen. Das hier indirekt angesprochene Problem ist das des Dualismus von Essentialismus und Konstruktivismus, welches Emcke in Bezug auf Sartre auf eine sinnvolle Weise löst. Demnach gibt es keine essentielle, aus einem authentischen, ahistorischen Kern bestehende Identität, jedoch kann der Begriff eine konstruierte, aber existente Realität bezeichnen. Diese zunächst paradox scheinende Bestimmung wird von Emcke in einem Rückgriff auf Michel Foucault besonders deutlich gemacht. So gibt es auch ohne identitätsstiftende Kategorien bereits die Praktiken auf die die Begriffe rekurrieren, aber erst durch die Bezeichnungen und Kategorisierung werden diese zu Identitäten konstruiert.

> „Nach Foucault beispielsweise entstand mit dem Begriff des Homosexuellen im 19. Jahrhundert der Homosexuelle als ein spezifischer Typ Person. Zwar wurden homosexuelle Praktiken bereits im antiken Griechenland von Männern ausgeübt, aber ohne Kategorie des Homosexuellen wurden diese Praktiken nicht zu Merkmalen einer spezifischen Identität der Person verdichtet" (Emcke 2000: 111).

Dieses Beispiel lässt sich ebenso auf die jüdische, aber auch auf andere Identitäten übertragen.

Festgehalten werden soll, dass Kollektive verschiedene Arten von Identitäten ausprägen. Dies kann durch intentionales Verhalten der Mitglieder geschehen, indem explizit die Zugehörigkeit zur Gruppe formuliert und auch im Verhalten artikuliert wird. Kollektive Identitäten können jedoch auch im Verlauf der Sozialisation reproduziert werden, ohne dass das Individuum zur kritischen Distanznahme befähigt wird. Darüber hinaus werden kollektive Identitäten auch durch Fremdzuschreibungen konstruiert.

Allerdings bilden nicht alle Kollektive eine Identität aus, bzw. nicht allen Kollektiven wird eine Identität zugeschrieben. Hier sei ein Exkurs zu Sartres bekanntem Bild der Bushaltestelle gestattet (Sartre 1967: 273).

Die wartenden Personen an einer Bushaltestelle bilden Sartre zufolge ein Art Kollektiv, indem sie in diesem Moment etwas gemeinsam tun: Sie warten auf den Bus. Die Umgebung der Bushaltestelle gibt ihnen gleiche Strukturen vor, an denen sie ihr Verhalten orientieren. Sie reagieren dadurch in ähnlicher Weise (sie schauen z.B. auf den Plan, auf ihre Uhr oder in Richtung des herannahenden Busses) und machen sich so als Wartende an der Bushaltestelle erkenntlich. Sartre zufolge bildet dieses Kollektiv jedoch keine Gruppe, sondern lediglich eine Serie. Der Grund dafür liegt in dem Fehlen eines gemeinsamen Ziels.[7] Jenes würde die Individuen aus ihrer Vereinzelung reißen, da zur Erkennung und Verfolgung des geteilten Interesses Kommunikation notwendig wird.[8]

An dieser Stelle, und damit wird der kurze Exkurs auch begründet, kommen wir zu einer weiteren Grundbedingung für kollektive Identität. Zu ihrer Konstituierung ist Kommunikation und Narrativität eine Voraussetzung. Kollektive Identität wird durch Diskurse erzeugt und artikuliert.

---

[7] Sartre schreibt zum Begriff der Gruppe: Sie „definiert sich durch ihr Unternehmen und jene konstante Integrationsbewegung, die aus ihr Praxis eine reine Praxis machen will, indem sie alle Formen der Trägheit unterdrücken versucht“ (Sartre 1967: 272). Das bloße Kollektiv (die Wartenden an der Bushaltestelle) definiert sich dagegen lediglich *„durch sein Sein“* (Sartre 1967: 272)

[8] Iris Marion Young überträgt diese Teilung zwischen Gruppe und Serie in ihrem Buch “Geschlecht als serielle Kollektivität“ von 1994 auf die Geschlechterforschung.

2.1.3 Nationale Identität

Wie bereits gezeigt wurde, werden kollektive Identitäten auf der Grundlage von existenten Realitäten konstruiert. Dieser Konstruktionsmechanismus geht diskursiv vonstatten und ist, wie im Folgenden gezeigt werden soll, mit Interessen und Machtbestrebungen verbunden. Theorien über kollektive Identitäten sind hilfreich, um kollektives wie individuelles Handeln zu verstehen. Die rational-choice-theory stößt oft an ihre Grenzen, wenn sie für die Mobilisierung von Individuen lediglich die einzelnen Kosten-Nutzen-Kalküle untersucht. Besonders für die Erforschung sozialer Bewegungen wird häufiger auf das Konzept der kollektiven Identität zurückgegriffen (Mordt 1999, Haunss 2004). So kann damit zum einen die innere Dynamik der Bewegung, aber auch die Mobilisierung einzelner Individuen, also der Anpassungsprozess, erklärbar gemacht werden. Dieser ist auch von Relevanz bei der viel fortgeschritteneren Analyse nationaler Identität.
Bereits bei Erik H. Erikson wird nicht nur der Zusammenhang von Individuum und Gesellschaft hinsichtlich der Identitätsbildung beschrieben, sondern auch der Bezug zur Nation hergestellt. Ingrid Jungwirt zitiert in ihrem Buch *Zum Identitätsdiskurs in den Sozialwissenschaften* Erikson folgendermaßen:

> „Die ‚Suche nach einer Identität' soll den Jugendlichen schließlich dahin führen, ‚die Ideale der Nation zu verkörpern'" (Jungwirth 2007: 150).

Identität führt damit zur Reproduktion der gesellschaftlichen Ordnung. Die kollektive Identität der Nation wird benötigt, um Anpassungsleistungen seitens des Individuums zu initiieren und damit die gesellschaftliche Ordnung aufrecht zu halten. Damit wird die Frage nach der Identität nicht nur auf kollektiver, sondern auch auf individueller Ebene zu einer politischen.

Allgemein lässt sich noch einmal festhalten, dass Identitätszuschreibungen als Reaktion auf die „Angst vor dem Chaos" (Narr 1999: 107) auftreten. Kollektive Identitäten reduzieren zum einen die Komplexität der sozialen Wirklichkeit und tragen dazu bei, Gruppen, deren Existenz als prekär bezeichnet werden kann, zusammenzuhalten. Letzteres geschieht insbesondere dadurch, dass „kollektive Identitätspostulate soziale Differenzierung und historische Komplexität durch homogenisierende Wesensbestimmungen und ein selektives Kulturgedächtnis verschwinden lassen." (Niethammer 2000: 467). Diskurse über die Identität der eigenen Gruppe, zeigen damit auch Sinn- oder Orientierungskrisen auf. Dass diese These auch auf den Diskurs zur europäischen Identität zutrifft, wird später zu beweisen sein.

Da nationale Identität eine spezifische Form der kollektiven Identität, aber auch von Identität im Allgemeinen ist, wird auch diese als konstruiert betrachtet. Eine Gruppe, in diesem Fall die Nation, zeichnet somit von sich ein Selbstbild. Sie macht sich, ähnlich dem Individuum, zum Objekt seiner selbst. Dieses Hervorbringen eines Selbstbildes geschieht mittels diskursiver Praktiken. Dabei macht es keinen Unterschied, dass die Nation im Gegensatz zu anderen Kollektiven eine *vorgestellte Gemeinschaft* im Sinne von Benedict Anderson ist.

Eine Nation ist nach Anderson deshalb eine vorgestellte Gemeinschaft, „weil die Mitglieder selbst der kleinsten Nation die meisten anderen niemals kennen, ihnen begegnen oder auch nur von ihnen hören werden, aber im Kopf eines jeden die Vorstellung ihrer Gemeinschaft existiert“ (Anderson 2005: 15). Dem ist zunächst nicht zu widersprechen, doch soll der Unterschied zu anderen kollektiven Identitäten hier nicht darin gesehen werden, dass die Mitglieder zueinander nicht in einem persönlichen Verhältnis stehen. Der Konstruktionscharakter bleibt gleich, ob sich die kollektive Identität in Form einer *cooperate identity* auf eine Firma mit einer kleinen Zahl von Angestellten, einen Fußballclub oder eine Nation bezieht. In allen Fällen macht sich das Kollektiv nach außen als solches erkennbar und wird zu einer Gruppe im Sinne von Sartre, indem die darin versammelten Individuen sich zum Kollektiv zählen und einen gemeinsamen Willen oder ein gemeinsames Ziel verfolgen und so aus ihrer Vereinzelung heraustreten. Damit entgeht man der Gefahr, auf die Anderson selbst verweist, in authentische und nicht-authentische Gemeinschaften zu unterscheiden (ebd.: 16).

Die Differenz von nationaler Identität zu anderen kollektiven Identitäten wird an anderen Merkmalen deutlich, auf die im Folgenden näher einzugehen ist.

In Anlehnung an die bereits erwähnte Unterteilung kollektiver Identitätsbildung in die Kategorien aktiv/intentional und passiv/unreflektiert lässt sich zunächst festhalten, dass die nationale Identität der zweiten Kategorie zuzuordnen ist. Dies muss näher erklärt werden, um bei der Begriffsbestimmung nicht in innere Widersprüche zu verfallen. In der Einordnung der nationalen Identität in das Modell passiv/unreflektiert besteht die Gefahr, die Sichtweise nun doch auf das Individuum zu lenken. Da die Frage nach der Identifikation eines Menschen mit einer Gruppe hier aber nicht aufgeworfen werden soll, muss der Fokus auf der Makroebene bleiben.

Die Behauptung, dass nationale Identitätsbildung passiv und unreflektiert verläuft, bezieht sich nur insoweit auf das Individuum, da jenes mit der Vorstellung über die Nation sozialisiert wird. Was die eigene Nation ausmacht, wird dann als essentiell angenommen und durch das Individuum – meist unbewusst – reproduziert. Die Erkenntnis, dass mit der Reproduktion nationaler Interessen auch Funktionen, wie die des Machterhaltes erfüllt werden, steht dazu nicht im Widerspruch.
Die bewusste Belebung eines Nationalgefühls kann, wie Siebo Siems anhand der Etablierung des geschichtspolitischen Programms unter Helmut Kohl darstellt, aus ganz bewussten Interessen hervorgehen und konkrete Ziele verfolgen. So stellt Siems fest, dass das Programm der „geistig-moralischen Wende" unter Kohl vor allem als Sinnstiftung diente:

> „Grundsätzlich spiegelt sich darin sicherlich der Versuch es anderen nationalen Eliten gleichzutun, die angesichts der forcierten nationalstaatlichen Konkurrenz durch den Integrationsprozess in Europa und der sich gleichzeitig verschärfenden wirtschaftlichen Krisenerscheinungen seit den 70er Jahren wieder verstärkt auf ‚Nation' als Legitimationsressource zurückgriffen." (Siems 2007: 156)

Trotzdem bleibt dem Einzelnen der Konstruktionscharakter der nationalen Identität in den meisten Fällen verborgen. So trägt die Errichtung von Museen über die nationale Geschichte bewusst zur Reproduktion der gemeinsamen Identität bei, doch bereits das Vorhandensein einer spezifischen Geschichte wird nicht infrage gestellt, sondern als essentiell angesehen. Die Ursache dafür ist vorwiegend in dem Hervorbringen nationaler Identität aus diskursiven Praktiken, die dem einzelnen Individuum nicht vollständig zugänglich sind, zu sehen.
Die Identität des Kollektivs erfüllt nicht nur die Funktion der eigenen Legitimation, sondern auch die der gesellschaftlichen Integration. Dabei ist nicht die Integration einzelner Individuen in diese Gesellschaft gemeint, sondern die gesellschaftliche Gesamtordnung. Es stellt sich die Frage, „ob und wie es in modernen, arbeitsteilig organisierten und strukturell differenzierten Gesellschaften gelingt, geordnete und aufeinander abgestimmte Formen von alltäglichem Handeln, von Kooperation und Konfliktaustragung zu institutionalisieren" (Kreckel 1994: 16). Wie Reinhard Kreckel beschreibt, gibt es die Vorstellung, dass moderne Gesellschaften zwei ordnungsstiftende Integrationsmodi besitzen: die Sozial- und die Systemintegration (ebd.:16). Die Sozialintegration begründet gesellschaftliche Ordnung durch einen Wertekonsens, durch moralische Integration. Systemintegration dagegen „vollzieht sich vielmehr vor allem

über die abstrakten Medien Geld und Macht“ (ebd.: 17). Ordnungsstiftende Institutionen sind damit insbesondere der kapitalistische Markt und die bürokratisch organisierte Verwaltung und Regierung. Moderne Gesellschaften, die heute fast vollständig als Staatsgesellschaften organisiert sind, werden über beide Modi integriert, wobei meist einer überwiegt. Verläuft der Integrationsmechanismus vor allem über den Markt und den Staat, dann kann diese Gesellschaft als *postnational* bezeichnet werden (ebd.: 18). Problematisch dabei ist jedoch, dass diese stark auf die *Output*-Faktoren angewiesen sind, wie bereits erläutert wurde. Damit bei ausbleibendem wirtschaftlichen und politischen Erfolg die Integrationsleistungen trotzdem erfüllt werden können, reicht es nicht aus, „die Gesamtheit der jeweiligen Landesbewohner als ‚Staatsvolk‘ zu identifizieren“, sondern dieses muss „zugleich als nationale Schicksalsgemeinschaft mit besonderen Loyalitäts- und Solidaritätsansprüchen begriffen“ werden (Kreckel 1994: 17). Nationale Identität fungiert dann als Integrationsmechanismus. Trotzdem, und dies wird explizit auch von Reinhard Kreckel erwähnt, birgt dieser Mechanismus Gefahren, denn es handelt sich nichtsdestotrotz um einen ideologisierenden Sprachgebrauch (ebd.: 14). Ideologie ist der Appell an die kollektive Identität der Nation, da weder reale Wir-Gefühle zwischen allen Mitgliedern herrschen können, noch weil diese Nation mit samt ihrer Beschreibung dinglich existiert. Nationale Identität ist somit eine Idee. Sie wird jedoch existent, da sie existente Phänomene nach sich zieht. Die Ausgrenzung der Anderen kann als Beispiel dafür angeführt werden. Es gilt daher der Satz von Stuart Hall:

> „Identity is […] an idea which cannot be thought in the old way, but without which certain key questions cannot be thought at all.“ (Hall 1996: 2)

Festzuhalten ist, dass die nationale Identität genau wie andere kollektive Identitäten als mentales Konstrukt bezeichnet werden muss (Wodak 1998: 61). Der Wille zur Nation, von dem Ernest Renan bereits 1882 spricht, ist deshalb nicht als Erwachen von Nationen zu Selbstbewusstsein zu verstehen. Der Ursache-Wirkungs-Mechanismus verläuft genau in die andere Richtung: „Nicht die Nationen sind es, die Staaten und Nationalismen hervorbringen, sondern umgekehrt“ (Hobsbawm 1991: 21). Die gemeinsame Identität wird nicht entdeckt, sondern konstruiert.

Damit ist kein Erfinden im Sinne von Ausdenken, also die Vorspiegelung imaginärer Tatsachen gemeint, wie es Benedict Andersons populäres Buch *Die Erfindung der Nation* vermuten lässt, sondern ein ‚Vorstellen‘ und ‚Kreieren‘ (Anderson 2005: 16).

Damit wird sich immer auf bestehende Objekte bezogen, auf die im Folgenden eingegangen wird, die natürlich nicht als konstruiert bezeichnet werden können.

Nationale Identität muss, um als solche zu gelten, gewisse Eigenschaften aufweisen, die sie von anderen, wie der kulturellen oder ethnischen Identität, unterscheidbar macht. Die Nation als Grundlage der nationalen Identität muss daher als Begriff identifiziert werden. Anthony D. Smith liefert eine für diese Untersuchung konstruktive Definition von Nation, wenn er schreibt:

> „A nation can therefore be defined as a named human population sharing an historic territory, common myths and historical memories, a mass, public culture, a common economy and common legal rights and duties for all members" (Smith 1991: 14).

Im Gegensatz zu kulturellen und ethnischen Identitäten erfordert die nationale zumindest gemeinsame Institutionen, verankerte Rechte und Pflichten bzw. muss auf die Entstehung dieser abzielen. Darüber hinaus muss konstatiert werden, dass Nation vorwiegend ein territoriales Konzept ist (Smith 1991: 9). Smith führt an dieser Stelle den Begriff des *homeland* an. Es handelt sich dabei um ein festgelegtes, definiertes Territorium, auf dem die Nation zu Hause ist. Dabei muss diesem *homeland* jedoch historische Bedeutung zukommen:

> "The homeland becomes a repository of historic memories and associations, the place where 'our' sages, saint and heroes lived, worked, prayed and fought. All this makes the homeland unique." (Smith 1991: 9)

Man kann also mit der Aufzählung von Merkmalen durchaus sagen was eine Nation ist, problematisch ist jedoch die Unterscheidung der Nation von anderen Gruppen mit gleichen Kennzeichen (Hobsbawn 1991: 15). Wie eine Gemeinschaft von Menschen zu einer Nation wird und auf welche Weise der innere Zusammenhalt aufrechterhalten wird, kann mit der Untersuchung nationaler Identität beantwortet werden.
Ausgangspunkt für die Analyse der europäischen Identität ist, dass Nationen objektive Gemeinsamkeiten haben, doch erst die Bewusstseinsbildung zu ihrer Ausbildung führt. Nationen konstruieren sich in Bezug auf verschiedene Dimensionen. Diese sind Politik, Geschichte, Kultur und eine gemeinsame Öffentlichkeit. Was die Nation ausmacht, kann sich ändern und ist nur auf der Makroebene, konkret in Bezug auf Diskurse, ermittelbar. Deshalb ist auch der These von Eric J. Hobsbawn zu widersprechen, der unter Nation „jede ausreichend große Gemeinschaft von Menschen [...],

deren Mitglieder sich als Angehörige einer ‚Nation' betrachten" (ebd.: 19) versteht. Diese Definition wählt für die Untersuchung der nationalen Identität das Individuum als Ausgangspunkt. Die Feststellung, ob sich jemand als Deutscher fühlt oder nicht, macht ihn jedoch nicht weniger zum Angehörigen dieser Nation. Ebenso hilft auch die Untersuchung, was für den Einzelnen deutsch ist, nicht weiter. Es muss vielmehr untersucht werden, welche Angebote für das Individuum bereitgehalten werden, um sich schließlich mit der Nation zu identifizieren. Der Kanon der Angebote kann dann als Identität der Nation definiert werden. So ist es für den einen der Sozialstaat, für den anderen die Pünktlichkeit. Beide jedoch werden sich im Diskurs über die deutsche Identität wiederfinden lassen. Die nationale Identität führt dann zur Mobilisierung des Einzelnen. Gleich, ob er für das ‚Vaterland' in den Krieg zieht oder ehrenamtliche Tätigkeit zur Entlastung des Sozialstaates und somit zum Wohle der anonymen, abstrakten Gemeinschaft tätigt.

Lassen sich diese Merkmale, also die Dimensionen, über die die kollektive Identität konstruiert wird, und die Begründungen für die Notwendigkeit einer solchen auch auf europäischer Ebene finden? Dieser Frage wird im Laufe der Studie nachgegangen.

2.2 Diskurs

Die nationale Identität wird „von den sozialen (staatlichen, politischen, institutionellen, medialen, alltäglichen usw.) Praxen und den daraus resultierenden materiellen und sozialen Lebensbedingungen geprägt, denen die jeweilige Person unterworfen oder ausgesetzt ist" (Wodak 1998: 70). Ihren Ausdruck jedoch erhält sie erst durch diskursive Praxen. Wie bereits erläutert, sind demnach Bezeichnungs- und Benennungspraxen eine zentrale Strategie identitärer Zuschreibungen (Wedl 2006: 308).

Begriffsorientierte Analysen wie Inhalts- oder Diskursanalysen sind bei Fragen zu Identitätskonstruktionen daher besonders hilfreich. Im Folgenden soll auf den Begriff des Diskurses näher eingegangen werden.

Da verschiedene Interpretationen von dem, was unter einem Diskurs zu verstehen ist, zu finden sind, kann der Begriff nur grob umrissen und für die hiesige Anwendung erklärbar gemacht werden. Diskursanalytische Betrachtungen sind durch ihr Verständnis von dem Verhältnis zwischen Realität und Diskurs gekennzeichnet. Der Aussage, dass jede Wirklichkeit diskursiv vermittelt wird und es somit keine Realität außerhalb des Diskurses geben kann, stimmen nicht alle Vertreter zu (Kerchner/Schneider 2006: 13). An dieser Stelle wird ebenfalls eine nur abgeschwächte Variante der Bedeutung von Diskursen für die Konstruktion von Wirklichkeit angenommen.[9] Diskurse sind demnach „kommunikative Akte und somit Handlungen, die in die Wirklichkeit eingreifen und bei dem oder den Adressaten Sinn ren" (Wedl 2006: 310).

Die Welt wird damit als eine Anzahl von Kontingenzen vorgestellt, aus denen mittels sprachlicher Akte Evidenzen konstruiert werden (Kerchner/Schneider 2006:18). Die Anwendung der Diskursanalyse, die durchaus keine strenge Methode wie die Inhaltsanalyse ist, soll darüber Aufschluss geben, warum und wie Wirklichkeiten und damit Wissen produziert werden. Die Diskurstheorie lässt sich jedoch von anderen Theorien unterscheiden, die ebenfalls postulieren, durch Erkennen konstruierend in die Wirklichkeit einzugreifen. So steht nicht das individuelle Erkennen im Vordergrund, sondern überindividuelle Aussagesysteme und Wissensbestände (Kerchner/ Schneider 2006: 22). Der Autor eines Textes ist deshalb auch nicht als Person von Interesse. Er ist lediglich ein Vertreter eines spezifischen Standpunktes. Zu untersuchen ist die Struktur, die ihm ermöglicht, spezifische Erkenntnisse zu haben.

In der Diskursanalyse wird daher auch mit dem Begriff der Macht gearbeitet, der sich an jenen von Michel Foucault anschließt. Macht ist in diesem Sinne nicht als etwas Negatives zu verstehen. Sie impliziert beispielsweise nicht Unterdrückung, wie dies bei dem Begriff der Herrschaft der Fall ist, sondern betont die Möglichkeit *zu* etwas. Darüber hinaus ist Macht nicht in Bezug auf ein Individuum zu verstehen, sondern nur gesellschaftlich zu betrachten. Machtstrukturen stehen damit im Vordergrund.

In verschiedenen Gesellschaften, sei es in gegenwärtigen oder historischen, gelten verschiedene Wahrheiten, da unterschiedliche Machtverhältnisse herrschen. Dies belegen, korrespondierend zum Thema der diskursiven Konstruktion Europas, auch Untersuchungen zum Europabild in den verschieden historischen Etappen. Die Grenzen und identitätsstiftenden Bezugsobjekte Europas waren in der Antike andere als im 19. Jahrhundert und sind heute andere als in der Zeit der Aufklärung (Petri 2004: 15-49;

[9] Johannes Angermüller unterscheidet in seinem Beitrag *Sozialwissenschaftliche Diskursanalyse in Deutschland. Zwischen Rekonstruktion und Dekonstruktion* in ‚rekonstruktiven' und ‚dekonstruktiven' Konstruktivismus (Angermüller 2005: 28). Für Vertreter der letzteren Variante stützt sich soziale Ordnung nicht auf einen intersubjektiven Konsens, der ermittelt werden müsste. Selbst dieser ist nur konstruiert.

Schmale 2007: 63-85). Diskurse sind daher auch keine Räume, in denen sachlich und ohne eigene Interessen argumentiert wird.[10]

Identitätszuschreibungen sind Formen der Machtausübung. Es ist eine Macht, „das Individuum nach Kategorien einzuteilen, ihm eine Identität aufzuprägen und es an ein bestimmtes Gesetz des Wissens und der Wahrheit zu binden, das es anerkennen muss und das aus Individuen *Subjekte* macht" (Quenzel 2005: 41). Es ist jedoch auch Macht die ermöglicht, dass gewisse Erkenntnisse in einer gesellschaftlichen Ordnung als legitim anerkannt werden und andere nicht.

Die Analyse der Diskurse bedeutet dabei die Untersuchung der „öffentlich zur Diskussion gestellten Deutungsangebote" (ebd.: 42). Sie zeigt auf, welche Identitätszuschreibungen angeboten und schließlich zum gesellschaftlichen Konsens werden.

Für die Politikwissenschaften wurde die Diskursanalyse als Methode in den letzten Jahren immer attraktiver. Insbesondere für die Analyse sozialer Bewegungen greift sie ergänzend ein, wo ein Akteursmodell, das Bewegungsaktivisten lediglich als rationale Individuen begreift, nicht mehr ausreicht (Donati 2006: 147). Die *Ideen* hinter den Handlungen kollektiver Akteure rücken immer häufiger in den Vordergrund.[11]

---

[10] Der hier verwendete Diskursbegriff vertritt deshalb nicht die normative Variante von Jürgen Habermas.

[11] Ein Beispiel dafür liefert die Untersuchung von Markus Jachtenfuchs. Darin analysiert er die Bedeutung (nationaler) Ideen in Bezug auf eine europäische Verfassungsbildung. Dabei geht er insbesondere im ersten Kapitel auf den „Einfluss von Ideen in der internationalen Politik im allgemeinen und der europäischen Integration im besonderen"(Jachtenfuchs 2002: 20) ein. Institutioneller Wandel ist demnach nicht mehr nur durch Interessenlagen der einzelnen Akteure erklärbar. Vielmehr beeinflussen auch Ideen die Verfassungspolitik. Ein weiteres Beispiel, jedoch aus soziologischer Perspektive, findet sich bei Gabriele Mordt und ihrer Untersuchung über die politische Mobilisierung am Beispiel der Lega Nord (Mordt 1999: 159-179).

3. Zur Methode der Untersuchung

3.1 Die Diskursanalyse

Im Folgenden werden zwei Formen der diskursiven Konstruktion europäischer Identität untersucht. Zum einen sollen die bereits angesprochenen Deutungsangebote aus dem Diskurs über die europäische Identität herauskristallisiert werden. Dazu wird auf Primär- und Sekundärquellen aus dem sozialwissenschaftlichen Diskurs zugegriffen. Diese Quellenarten unterscheiden sich dahingehend, dass letztere vor allem Ergebnisse diskursanalytischer Untersuchungen der ersteren anbieten. Da der Diskurs über europäische Identität in den letzten Jahren auch durch viele Analysen desselben bereichert wurde, soll in der vorliegenden Studie allein wegen der interessanten Ergebnisse auf diese nicht verzichtet werden.

Diskurse werden in der Regel durch einen bestimmbaren Anfang und ein Ende definiert (Donati 2006: 156). Damit werden die zu analysierenden Texteinheiten eingegrenzt. Dies ist jedoch bei der Menge an produzierten Aussagen über europäische Identität nicht praktikabel. Gudrun Quenzel schreibt in ihrer Untersuchung über die *Konstruktionen von Europa,* „dass der Diskurs dann als erfasst gelten kann, wenn alle wesentlichen Deutungsangebote europäischer Identität aufgezeichnet sind" (Quenzel 2005: 57). Siegfried Jäger vom Duisburger Institut für Sprach- und Sozialforschung unterstreicht diese Aussage zur Vollständigkeit. Sie ist dann erreicht, wenn keine inhaltlich und formal neuen Erkenntnisse gefördert werden (Jäger 2006: 103). An diesen Grundsatz soll sich auch in dieser Untersuchung gehalten werden. Im Gegensatz zur Inhaltsanalyse arbeitet die Diskursanalyse nicht mit herkömmlichen Kategorien. Da sie vorwiegend die Argumentationsstruktur untersucht, die ein Objekt definiert, macht die Einordnung des Inhalts in vorgegebene Kategorien nur wenig Sinn (Donati 2006: 157). Die europäische Identität in Diskursen lässt sich nicht finden, indem zum Beispiel danach gesucht wird, ob der Text Pro- oder Kontra-Aussagen zu einer solchen enthält. Die Frage richtet sich vielmehr nach dem *Warum* und dem *Was*, also nach der Argumentation. Das Ergebnis der Diskursanalyse muss deshalb aufzeigen können, warum von Identität im Zusammenhang mit Europa gesprochen wird und was sich dahinter verbirgt. Da dieses mit der nationalen Identität verglichen werden

soll, ist es trotz genereller Ablehnung eines elaborierten Kategoriensystems notwendig, die Aussagen der Texte in Unterthemen einzuordnen, sie zu strukturieren.
Diese Struktur ergibt sich zum einen aus den in der Literatur zu findenden Dimensionen nationaler Identität. Es handelt sich dabei um Geschichte, Kultur, Politik und Gegenidentitäten. Darüber hinaus bringt die Analyse des Materials über die europäische Identität selbst neue Kategorien hervor, die für die Schulbuchanalyse nutzbar gemacht werden. Es handelt sich somit um einen Methodenmix, der induktiv und deduktiv zugleich verfährt.
Die Auswahl der Literatur beschränkt sich zum großen Teil auf die im deutschsprachigen Raum publizierte Schriften, die sich explizit mit dem Thema der europäischen Identität befassen.[12] Darüber hinaus werden Publikationen verwendet, die sich laut ihrem Titel mit einem Punkt des Kategoriensystems über kollektive Identität im Zusammenhang mit Europa beschäftigen. Um das Feld einzuschränken und gleichzeitig dem Leser neue, interessante Erkenntnisse bieten zu können, wird sich vor allem auf Literatur aus den letzten zehn Jahren konzentriert.
Die hier angewendete Diskursanalyse ist keine im Sinne von Michel Foucault bzw. keine, die der poststrukturalistischen Definition entspricht. Ziel wäre es danach, die generellen Aussagen eines gesellschaftlichen Diskurses zu untersuchen. Hank Johnston schreibt dazu:

> „The poststructuralist definition of discourse is generally macroscopic. It refers to a broad patterns of what is talked and written about, by whom, their social location, when – in terms of broad historical currents-and why." (Johnston 1995: 219)

Im Gegensatz dazu wird in der hier angewendeten Diskursanalyse bereits eine Einschränkung hinsichtlich des Themas und damit auch der zu analysierenden Texte gemacht. Man kann diese Methode als *pragmatische Diskursanalyse* bezeichnen. Diese folgt einem „Forschungstrend, der zunehmend in Bezug auf die Erforschung von Diskursen zu beobachten ist" (Bührmann 2005: 231). Jene Form der Diskursanalyse weist jedoch, dies muss vorweg eingestanden werden, auch Defizite auf. So kann die Wechselwirkung zwischen den Diskursen nicht untersucht werden. Darüber hinaus können auch die Macht-Effekte nur erahnt, nicht jedoch bewiesen werden. Ob Identitätsangebote sich in Identitätsvorlagen umschlagen, muss durch andere Methoden

[12] Da sich im Diskurs selbst größtenteils auf andere deutschsprachige Verfasser bezogen wird, ist ein willkürliches Einbeziehen fremdsprachiger Texte nicht sinnvoll.

ermittelt werden. Das heißt, die lineare Verbindung zwischen Darstellung und Rezipienten kann an dieser Stelle nicht nachgewiesen werden.

3.2 Die Inhaltsanalyse

Unter dem zweiten Faktor, der Konstruktion von europäischer Identität soll, deren Reproduktion verstanden werden. Dafür liefern Inhalte aus Schulbüchern das empirische Material. Interessant ist diese textliche Grundlage aus mindestens zwei Gründen. In Schulbüchern sich vor allem bereits produziertes Wissen. Das heißt, die in ihnen publizierten Wahrheiten können als eine Art gesellschaftlicher, aus Diskursen hervorgegangener, Konsens bezeichnet werden. Darüber hinaus prägen sie Denkschemata und reproduzieren damit die zu dieser Zeit festgehaltenen Erkenntnisse. Sie sind folglich eine wichtige Komponente zur Konstruktion von Wahrheiten.
In Bezug auf kollektive Identitäten, wie der nationalen oder der europäischen, ist es sinnvoll zu fragen, welche Bilder von Europa dargestellt werden. Was also macht die europäische Identität, auch wenn dies im Schulbuch nicht direkt angesprochen wird, aus?

Textcorpus

Dazu werden in einem weiteren Schritt Schulbücher einer inhaltlichen Analyse unterzogen. Es ist davon auszugehen, dass Bilder von Europa vor allem in Geschichts- und Sozialkundebüchern zu finden sind. Deshalb beschränkt sich die Inhaltsanalyse auf diese beiden Fächer. Um den zeitlichen Rahmen nicht zu sprengen, wird sich auf Überblickswerke für die gymnasiale Oberstufe konzentriert. Themenhefte oder Zusatzmaterial werden nur zur Überprüfung der Ergebnisse genutzt.
Da Schulbücher für die gymnasiale Oberstufe in Sachsen-Anhalt keiner Zulassung seitens des Kultusministeriums bedürfen, musste ein anderes Kriterium für die Zusammenstellung der Werke gesucht werden. Die Auswahl der Bücher beschränkt sich deshalb auf die Verlage, deren Bücher für die niedrigeren Klassen vom Kultusministerium zugelassen sind. Für Sachsen-Anhalt[13] und das Schuljahr 2007/08 sind Bücher

[13] Das Bundesland Sachsen-Anhalt diente nur für das Auswahlverfahren der Verlage.

folgender Verlage für den Geschichts- und Sozialkunde – Politikunterricht zugelassen:

Westermann	Militzke	Cornelsen/ Volk und Wissen	Klett
Buchners	Schöningh	Schroedel	Diesterweg

Aus diesen Verlagen wurden die Geschichts- und Sozialkunde – Politikbücher für die gymnasiale Oberstufe ausgewählt. Bücher, die explizit auf Dimensionen der nationalen Besonderheiten eingehen und bereits durch ihre Zielsetzung keine bzw. wenige Aussagen über Europa erwarten lassen, wurden nicht berücksichtigt. Die ausgewählten Schulbücher sind somit Überblickswerke, die bundesweit verwendet werden können. Die Suche nach den Werken, auf welche diese Auswahlkriterien zutreffen, geschah über die jeweiligen Internetportale der Verlage. Die folgende Tabelle führt das Sample der zu untersuchenden Schulbücher auf:

Verlag	**Geschichte**	**Sozialkunde**
Klett	Geschichte Geschehen I + II	-
Cornelsen/ Volk und Wissen	Kursbuch Geschichte	*Grundwissen Politik**
Militzke	-	Gesellschaft verstehen und handeln
Schöningh	Zeiten und Menschen I + II	Sozialkunde. Politik in der Sekundarstufe II; Wirtschaft-Politik-Gesellschaft I +II;
Schroedel	-	Gesellschaft im Wandel; Demokratie in Deutschland und Europa
Buchners	*Geschichte kompakt**	-
Westermann	Horizonte I + II	Politik-Wirtschaft-Gesellschaft**
Diesterweg	Epochen und Strukturen	-

* diese Bücher erscheinen erst im Frühjahr 2008
** dieses Buch ist für das 8. Schuljahr konzipiert

Einige Verlage bieten keine Gesamtbände für die gymnasiale Oberstufe dieser beiden Fächer an. Um dies auszugleichen, wurden aus den Verlagen Schöningh zwei Bücher ausgewählt, auf die die Auswahlkriterien zutreffen. Zudem erscheinen in den Verlagen Buchners und Cornelsen/ Volk und Wissen im Jahr 2008 zwei komplett neu konzipierte Schulbücher. Mit den jeweiligen Herausgebern wurde für diese Untersuchung Kontakt aufgenommen, um eine Vorabeinsicht zu ermöglichen. Da die Bücher jedoch noch nicht vollständig sind, konnten sie nicht eingesehen werden. Die analysierten Bücher sind in der Deutschen Nationalbibliothek vollständig vorhanden.
Für die Auswahl der Bücher, insbesondere der Geschichtsbücher, war auch das Erscheinungsjahr mitbestimmend. Dies erlaubt einen Vergleich zwischen den Europäisierungstendenzen. Es handelt sich damit um eine Quer- und Längsschnittanalyse. Um die Aussagekraft der quantitativen Inhaltsanalyse zu erhöhen, werden in einem zusätzlichen Abschnitt die Kapitel über die europäische Integration nach 1945 aus zwei Schulbüchern mit demselben Titel, jedoch unterschiedlichen Erscheinungsdaten verglichen. Es handelt sich um Bücher aus der Reihe *Zeiten und Menschen* aus dem Schöningh Verlag.
Dadurch soll unter anderem geklärt werden, ob es eine Europäisierung des nationalen Geschichtsbildes und der Lehrinhalte von Sozialkundebüchern gibt und ob sie zunimmt. Europäisierung meint dabei die Bezeichnung eines historischen oder soziologischen Aspekts als *europäisch.* Die Darstellung der Ereignisse während des Zweiten Weltkrieges in den verschiedenen Staaten Europas kann nicht als Europäisierung geltend gemacht werden. Dagegen stellt die Aussage, dass der Zweite Weltkrieg eine *europäische* Katastrophe war, eine Europäisierung dieses historischen Faktes dar. Für die Analyse einer europäischen Identität darf die Behandlung unterschiedlicher Nationalgeschichten in ihrer europäischen Verflechtung ausdrücklich nicht geltend gemacht werden.

Textanalyseverfahren

Mit der Inhaltsanalyse können Daten methodisch quantitativ und qualitativ erhoben werden. Im Gegensatz zur qualitativen Inhaltsanalyse untersucht die quantitative lediglich manifeste Kommunikationsinhalte (Lamnek 2005: 496). Das bedeutet, dass die Absichten und Funktionen des Textes nicht untersucht werden. Dadurch wird die quantitative Inhaltsanalyse im Vergleich zur qualitativen objektiver, systematischer und intersubjektiv nachvollziehbar. Da die quantitative Inhaltsanalyse jedoch die Gefahr birgt, einzelne Begriffe aus ihrem Kontext zu reißen, gehen die meisten Untersuchungen zur Schulbuchanalyse deskriptiv-hermeneutisch vor (Fiedler 2002: 23; Meyers 1976: 52). Das heißt, es werden nicht nur die manifesten Inhalte des Materials analysiert, sondern auch der latente Inhalt durch Interpretation im Textkontext erschlossen (Mayring 2000). Damit ist diese Methode mit der Quelleninterpretation in der Geschichtswissenschaft vergleichbar (Meyers 1976: 52)

Doch auch in den sozialwissenschaftlichen Fächern der Politologie und der Soziologie ist sie von großer Bedeutung, da dort die Struktur hinter dem einzelnen Phänomen von Interesse ist. Warum ein Politiker beispielsweise in Reden bestimmte Formulierungen nicht benutzt, kann nicht durch den Text selbst erklärt werden. Erst zusätzliche Informationen, wie Anlass der Rede, Publikum oder die Partei des Politikers, lassen Vermutungen über gewisse Aussagen bzw. deren Häufigkeiten zu. Die quantitative Inhaltsanalyse kann dies nicht leisten.

Trotzdem bedient sich der empirische Teil dieser Studie, die Schulbuchanalyse, der quantitativen Inhaltsanalyse. Dies ist durch die Fragestellung und dem damit verbundenen Erkenntnisinteresse zu erklären. Für die Untersuchung von Schulbüchern muss zum einen eine große Textmenge zugrunde liegen. Anders ist eine Aussage, die unabhängig von Fach und Verlag ist, nicht möglich. Diese Textmenge kann jedoch aus Zeitgründen nicht interpretativ erschlossen werden. Darüber hinaus müssen Erkenntnisse, die mittels interpretativer Verfahren, wie beispielsweise der objektiven Hermeneutik, erschlossen wurden und ohne Einbettung in quantitative Ergebnisse, skeptisch betrachtet werden. So schreibt Jo Reichertz, dass sicherzustellen ist, „daß neurotische und/oder ideologische Verblendungen bei den Interpreten nicht vorhanden sind“ (Reichertz 1995: 225). Dies ist ein schwieriges Unterfangen wie der Autor selbst zugibt. Ferner stützen sich viele Autoren bei der Darstellung ihrer Ergebnisse auf die Interpretation von Einzelzitaten, die jedoch auch willkürlich ausgesucht und somit nicht überprüft werden können (Meyers 1976: 53). Neben der Frage nach den Elementen der europäischen Identität in den Schulbüchern, sind auch ihre Gewichtungen und Entwicklungen von Interesse. Dadurch wird die Untersuchungsmethode zu einer *quantitativen* Inhaltsanalyse. Mayring definiert den Unterschied zwischen quantitativ und qualitativ folgendermaßen:

> „Sobald Zahlbegriffe und deren In-Beziehung-Setzen durch mathematische Operationen bei der Erhebung oder Auswertung verwendet werden, sei von quantitativer Analyse zu sprechen, in allen anderen Fällen von qualitativer Analyse.“ (Mayring 2003: 16)

Die Grenzen beider Methoden sind demnach fließend und heben sich bei der Erstellung des Kategoriensystems und bei der Interpretation der Ergebnisse sogar wieder auf. Lediglich die Erhebung an sich, die sich auf das Auszählen konzentriert, kann letztlich als quantitativ bezeichnet werden.

Um eine Europäisierung der Schulbuchinhalte feststellen zu können, ist die einfachste Art der Inhaltsanalyse die hilfreichste. Sie besteht darin, „bestimmte Elemente des Materials auszuzählen, und in ihrer Häufigkeit mit dem Auftreten anderer Elemente zu vergleichen" (Mayring 2003: 13). Diese Methode kann auch als Frequenzanalyse bezeichnet werden (Diekmann 2004: 496). Daher soll untersucht werden, wie häufig bestimmte Entitäten europäisiert werden. Dies gelingt nicht, indem man die Worte *Europa* oder *europäisch* einfach nur auszählt. Europa kann in einem bestimmten Zusammenhang geografisch verwendet werden und bedeutet keine Europäisierung in Bezug auf die kollektive Identität. Das Substantiv *Europa* oder das Adjektiv *europäisch* können jedoch tatsächlich auch Indikatoren für eine solche sein. So ist die Formulierung „die europäischen Wissenschaftler" durchaus ein Hinweis auf einen möglichen Perspektivwechsel, da die nationale Herkunft der Wissenschaftler in den Hintergrund tritt. Diese Formulierung würde deshalb in die Aufzählung aufgenommen. Auch eine Untersuchung von Werteeinstellungen in Europa würde als Europäisierung ausgezählt werden, da dem Leser eine Eigenschaft über die Einwohner Europas mitgeteilt wird. Dadurch wird ihm ein Bild von Europa vermittelt, welches in Zusammenhang mit anderen Erscheinungen als Identität von Europa bezeichnet werden kann. Dagegen enthält der Satz:

> „Aber Werte wie Freiheit, Demokratie, Achtung der Menschenrechte und Grundfreiheiten sowie Rechtsstaatlichkeit sind nicht speziell europäisch, sie basieren auf universalistischen [weltweit geltenden] Werten und Zielen." (WGP II, 376)

zwar Aussagen über Europa, jedoch führt die Verneinung dieser als genuin europäisch dazu, dass sie nicht codiert werden.

Welche Textstellen codiert, also aufgenommen werden, muss mit der Codier-Einheit definiert werden. Ein Wort kann ebenso eine Codier-Einheit darstellen wie ein Satz oder eine Wortgruppe. In dieser Untersuchung ist die inhaltliche Abgrenzung relevant. Eine Wortgruppe kann deshalb gleichwertig mit einem ausführlichen Text codiert werden. Darüber hinaus kann die Codiereinheit unter unterschiedlichen Kategorien gleichzeitig vermerkt werden, jedoch nur, wenn es sich um unterschiedliche Primär-

ebenen handelt (Esser 2005: 54). Dazu finden sich im Kapitel 5 weitere Anmerkungen.
Welche als europäisch bezeichneten Erscheinungen im Material ausgezählt werden, muss durch ein Kategoriensystem festgelegt werden (Lamnek 2005: 502).

Kategoriensystem

Im Mittelpunkt der Inhaltsanalyse steht das Kategoriensystem, welches induktiv und deduktiv entwickelt werden kann. In der deduktiven Kategorienanwendung „geht es darum, schon vorher festgelegte, theoretisch begründete Auswertungsaspekte an das Material heranzutragen" (Mayring 2000). Diese Kategorien werden in der Arbeit mit dem Text jedoch meist durch Unterkategorien ergänzt. Die Kategorie/Dimension *Kultur* ist beispielsweise in Bezug auf die europäische Identität eine Vorannahme. Ob europäische Identität über Kultur konstruiert wird, muss später anhand der Texte untersucht werden. Trifft dies zu, werden sich Unterkategorien der Dimension Kultur herausfiltern. So können beispielsweise Sprache, Traditionen oder Werte Unterkategorien der Dimension *Kultur* sein.
Das Kategoriensystem wird auf den Text angewendet, indem vorab die Analyseeinheit festgelegt wurde. Diese bezeichnet die kleinste Einheit auf die später die Interpretation angewendet wird. Um auch den Grad der Europäisierung in den Schulbüchern messen zu können, macht eine Einschränkung auf Texte, die sich explizit mit Europa beschäftigen, wenig Sinn. Es wird sich deshalb auf das gesamte Buch bezogen bzw. werden Textpassagen ausgewählt, die sich in Folge der Diskursanalyse als wichtig erweisen. Wird sich im Diskurs über die Geschichte Europas beispielsweise nicht auf das Mittelalter bezogen, muss dieser Abschnitt in der Inhaltsanalyse auch nicht untersucht werden. Das Kategoriensystem für die Inhaltsanalyse dieser Untersuchung wird ein Ergebnis der anschließenden Diskursanalyse sein und findet sich deshalb in Kapitel 5.

Operationalisierung

Die Operationalisierung der Kategorien ist äußerst wichtig, denn sie „nennt die empirisch fassbaren Entsprechungen zu den Kategorien auf der Objektebene (Texte bzw. Mitteilungen) und gibt die Regeln an, nach denen die empirisch erhaltenen Objektmerkmale in Daten überführt werden" (Früh 2004: 85).

Bei der Operationaliserung der Kategorien ist besonders auf ihre Trennschärfe zu achten (ebd.: 86). So ist *Kultur* natürlich ein Teil von *Geschichte*, aber auch von *Politik*. Um die Textabschnitte jedoch einer Kategorie zuordnen zu können, müssen zuvor ihre Merkmale aufgezählt werden. Dass es sich dabei nicht um wissenschaftliche Definitionen der Begriffe handelt, dürfte außer Frage stehen. Sie dienen lediglich als Leitfaden für den darauffolgenden Codiervorgang.
Die Frage nach der Darstellung Europas in Schulbüchern lässt für den Codiervorgang ein Skalenniveau als sinnvoll erscheinen, das lediglich zwei Ausprägungen annimmt (kommt vor/ kommt nicht vor). Man nennt dies eine dichotome Variable (ebd.: 81). Gemessen wird somit, ob jeweils ein Bezug zu Europa hergestellt wird oder nicht. Dies soll kurz an Beispielen verdeutlicht werden:

1) „Deutschland ist durch seine Mitgliedschaft in den Europäischen Gemeinschaften und der NATO wieder gleichberechtigter Partner in Europa geworden“ (Schöningh 2004: 11)

2) „Derzeit scheint die Türkei nicht fähig, dem Wettbewerbsdruck und den Marktkräften innerhalb der Europäischen Union standzuhalten.“ (Schöningh 2004: 161)

Die erste Äußerung enthält keinen Bezug auf Europa, sondern auf Deutschland. Der Satz wird deshalb nicht codiert. Die zweite Äußerung dagegen zeigt an, dass in Europa Wettbewerbsdruck herrscht. Der Satz wird daher in eine der Kategorien aufgenommen.

3.3 Hypothesen

Die Hypothesen werden hier in einem eigenen Unterkapitel erläutert, da sie sich auf die Diskurs- als auch auf die Inhaltsanalyse beziehen.

<u>These 1:</u> Die Begründungen für die Forderung nach einer europäischen Identität sind im sozialwissenschaftlichen Diskurs vergleichbar mit denen auf der nationalen Ebene.

Es ist davon auszugehen, dass sich die EU nach den verlorenen Referenden für die europäische Verfassung in einer Legitimations-, Sinn- und Orientierungskrise befindet. Man kann die Gemeinschaft der europäischen Bürger somit als eine prekäre bezeichnen. Ein Zusammenhang zwischen Legitimation und kollektiver Identität wird deshalb im Diskurs zu finden sein.

<u>These 2:</u> Die Konstruktion der europäischen Identität erfolgt über die gleichen Dimensionen wie die der nationalen Identität.

Obwohl in Europa keine *lingua franca* existiert und auch die Grenzen Europas und die der EU nicht eindeutig bestimmbar sind, wird sich im Diskurs auf die Dimensionen Öffentlichkeit, Politik, Kultur und Geschichte bezogen. Darüber hinaus werden Abgrenzungen wie bei jeder kollektiven Identität konstruiert, indem aufgezeigt wird, wer nicht zu Europa gehört und weshalb. Diese Dimensionen werden sich auch im Schulbuch wiederfinden lassen.

<u>These 3:</u> Die Konstruktion einer europäischen Identität findet im Schulbuch noch nicht statt.

Es wird davon ausgegangen, dass Schulbücher noch immer in der nationalen Perspektive verhaftet sind. Europa wird primär nur als das Konglomerat der europäischen Staaten dargestellt. Die EU wäre damit nur das Andere, die abstrakte übergeordnete Ebene. Darüber hinaus ist jedoch anzunehmen, dass der Anteil europäischer Bezüge in neueren Schulbüchern höher ausfällt als in älteren.

<u>These 4:</u> Die Dimensionen der nationalen Identität, welche europäisiert werden, verlagern sich in ihrem Schwerpunkt.

Obwohl ein starker europäischer Bezug in den Schulbüchern noch nicht vorzufinden sein wird, kann eine Verschiebung innerhalb der Kategorien erwartet werden. Diese wird sich weg von der politischen hin zu den Kategorien Geschichte und Kultur bewegen. Neuere Schulbücher, so die Hypothese, stellen Europa nicht in Form der EU und ihrer Institutionen dar, sondern beschreiben Geschichte und Kultur in stärker werdendem Maße als europäisch.

4. Der Diskurs über die europäische Identität

Um prüfen zu können, inwieweit eine europäische Identität in Schulbüchern reproduziert wird, soll zunächst ein Blick auf den Diskurs über dieses Thema in der sozialwissenschaftlichen Fachliteratur geworfen werden.

Da der sozialwissenschaftliche Diskurs nur einer Teilöffentlichkeit zugänglich ist, kann nicht angenommen werden, dass er allein für Bewusstseinsveränderungen beim Rezipienten verantwortlich ist. Erst eine Untersuchung mehrerer Diskursarenen[14] kann Aussagen darüber treffen.

Das Ziel der europäischen Identitätspolitik ist eine Steigerung der positiven Wahrnehmung der Europäischen Union und ihrer Institutionen innerhalb ihrer Bevölkerung. Nur eine breitenwirksame Antizipation einer gemeinsamen Identität würde dieses jedoch ermöglichen. Der fachwissenschaftliche Diskurs muss sich damit zu einem gesamtgesellschaftlichen entwickeln.

In Anlehnung an die zuvor erläuterte nationale Identität finden, sich auch in dem Expertendiskurs über die europäische Identität, Fragen zu kollektivstiftenden Merkmalen. Aus diesen sollen für die empirische Analyse mittels induktiver Methode Kategorien abgeleitet werden.

Die Sichtung der Literatur zum Thema europäische Identität macht eine Spaltung in Kritiker und Befürworter deutlich. Autoren der zweiten Gruppe halten die Ausbildung einer europäischen Identität für die Entwicklung der Europäischen Union nicht nur für möglich, sondern auch für notwendig.

Zu diesen Vertretern gehören die Verfasser eines 2007 erschienenen Aufsatzbandes mit dem Titel *Europäische Identität: Voraussetzungen und Strategien.* Die darin enthaltenen Beiträge gliedern sich nach eigener Aussage in die Schwerpunkte: Identi-

---

[14] Der Begriff Diskursarena wird in manchen Beiträgen auch als Diskursfeld bezeichnet. Nach Michael Schwab-Trapp und in Anlehnung an Pierre Bourdieu sind diese Felder durch spezifische Spielregeln gekennzeichnet. Diskursfelder und -arenen zeichnen sich „über den bevorzugten Gebrauch bestimmter Diskursformen aus und legen damit die Spielregeln fest, denen die Diskursteilnehmer in ihren Diskursbeiträgen folgen müssen, wenn sie Erfolg haben wollen – wissenschaftliche Diskurse unterscheiden sich von literarischen Diskursen, und literarische Diskurse unterscheiden sich von politischen Diskursen“ (Schwab-Trapp 2006: 271). Die Grenzen zwischen den Diskursarenen sind fließend. Daher kann auch „die kollektive Reichweite diskursiver Beiträge variieren (Schwab-Trapp 2006: 272).

tät sehen, Identität wollen und Identität stärken. Ihr Konstruktionscharakter wird damit bereits implizit eingeräumt.

Gleich der nationalen Identität dient auch auf europäischer Ebene eine kollektive Identität der Legitimation politischer Entscheidungen, wenn geschrieben wird, dass die „Regelung der Konflikte und die daraus resultierenden steuernden Eingriffe der Politik [...] oft nicht aus sich selbst heraus begründbar" sind (Weidenfeld 2007: 15). Besonders in Zeiten der Krise erscheint die fehlende Identität Europas als Problem. Nach der Ablehnung des Verfassungsentwurfs in Frankreich und den Niederlanden und der Debatte um den EU-Beitritt der Türkei wird eine gemeinsame Identität als Möglichkeit gesehen, die Europäische Union zu stärken und Orientierung zu stiften (Wagner 2005: 496).

Dies wird als unumgänglich dargestellt, da sich die Europäische Union (EU) ungeachtet ihres Potenzials von weltpolitischem Rang abnehmenden Akzeptanzwerten der Bevölkerung gegenüber gestellt sieht (Weidenfeld 2007: 22; Thalmaier 2007: 169). Eine Legitimation, die allein auf *Output*-Faktoren, also auf den Leistungen fußt, wird im Diskurs deshalb als problematisch angesehen.

Befürchtet wird, dass die Europäische Union an einem Mangel an *diffuser* Unterstützung scheitern könnte. Diffus ist dabei im Sinne David Eastons gemeint, der zwei Arten der Anerkennung von politischen Systemen unterscheidet (Easton 1965: 267).[15] Ein politisches System kann sich danach durch konkrete Ergebnisse, die sich an der Interessenlage der Bürgerinnen orientieren, legitimieren oder durch eine Zustimmung, die unabhängig davon existiert (ebd.: 273).[16] Diese Dichotomie findet in verschiedenen Texten unterschiedliche Bezeichnungen. Sylke Nissen bezeichnet sie als utilitaristische und affektive Unterstützung, wobei die erste Form im Gegensatz zur zweiten die materielle Nutzenkomponente beinhaltet (Nissen 2004: 22). Die Identifikation mit

---

[15] David Easton schreibt dazu: „In every sytem two other categories of response are constantly available to maintain a minimal level of support fort he various political objects. I shall identify these as specific or diffus support." (Easton 1965: 267)

[16] Eastons Formulierung lautet im Originaltext wie folgt: „As we have seen, specific support flows from the favorable attitudes and predisposition stimulated by outputs that are perceived by members to meet their demands as they arise or in anticipation. The specific rewards help to compensate for any dissatisfactions at failing to have all demands met. But simultaneousliy, members are capable of directing diffuse support toward the objects of a system. This forms a reservoir of favourable attitudes or good will that helps members to accept or tolerate outputs to which they are opposed or the effect of which they see as damaging to their wants." (Easton 1965: 273)

Europa kann nach Nissen durch den Verweis auf die eigenen und somit auch nationalen Vorteile zwar gesteigert werden, doch stößt diese Dimension auf ihre Grenzen.

> „Angesichts der zu erwartenden Kosten einer weiteren Integration wird es immer riskanter, sich politisch auf nutzenkalkulierte Zustimmung zu verlassen, weil es in der vorherrschenden Interpretation von Nutzen und Kosten schwieriger werden wird, nationale Vorteile zu vermitteln – vor allem, wenn diese sich erst später manifestieren.“ (Nissen 2004: 29).

Die emotionale Verbundenheit mit Europa muss aus dieser Sicht gestärkt werden. Ähnlich formuliert es auch Jürgen Habermas, der jedoch wie Fritz Scharpf in eine *output-* und eine *input*-orientierte Dimension der Legitimation unterscheidet. Die am Output orientierte Legitimation wird durch stärker werdende Verteilungskämpfe zwischen den Mitgliedsstaaten der EU nicht mehr für die Akzeptanz der europäischen Politik ausreichen (Habermas 2004: 70). Eine Stärkung der *input*-orientierten Legitimation wird deshalb notwendig. Diese hat zunächst jedoch noch nichts mit einer europäischen Identität zu tun, sondern nur mit der Legitimation politischer Entscheidungen, „wenn und weil sie den ‚Willen des Volkes widerspiegeln' – das heißt, wenn sie von den authentischen Präferenzen der Mitglieder einer Gemeinschaft abgeleitet werden können“ (Scharpf 1999: 16). Diese Präferenzen entwickeln sich danach in politischen Gemeinwesen durch einen gemeinsamen Meinungs- und Willensbildungsprozess, der in einer geteilten Öffentlichkeit stattfindet. Grundlage für eine input-orientierte Legitimation bildet danach die Herausbildung eines gemeinsamen Kommunikationsraumes. Dieser wiederum ist eng an eine europäische Identität geknüpft, da er aus Sicht einiger Autoren eine gemeinsame Identität nach sich ziehen wird (Habermas 2004: 82; Reese-Schäfer 1999: 26) bzw. diese als Grundlage für einen Kommunikationsraum zunächst vorhanden sein muss (Zürn 1996: 39; Scharpf 1999: 20; Trenz: 386). Auf diese postulierte dialektische Verbindung wird im nächsten Kapitel näher eingegangen.

Zunächst bleibt festzuhalten, dass die europäische Identität in allen gesichteten Beiträgen im Zusammenhang mit dem Problem der Legitimation genannt wird. Gleich, ob eine positive oder negative Wertung diesem Zusammenhang gegenüber abgegeben wird. Eine europäische Identität ist demnach die Grundlage, um das politische System zu legitimieren und stabil zu halten. Dies gilt für die input- als auch die output-orientierte Dimension. Für letztere bedeutet dies, dass eine politische, kollektive Identität, die Grundlage ist, Mehrheitsentscheidungen auch im Fall eines fehlenden Nutzens für einzelne Individuen zu tragen oder gar Opfer, in welcher Form auch immer, zu erbringen. Der Gemeinsamkeitsglaube, der durch eine kollektive Identität entsteht, erzeugt somit Vertrauen in die Gemeinschaft und „kann dann auch Maßnahmen der interpersonellen und interregionalen Umverteilung legitimieren, die andernfalls nicht akzeptabel sind“ (Scharpf 1999: 18). Dass Identitätsfragen innerhalb der EU in Krisenzeiten besondere Konjunktur erfahren, wird indirekt auch durch ein Dokument der Europäischen Kommission bestätigt. In diesem „Dokument über europäische Identität“ (vgl.: Staden 1972) wird zum ersten Mal das Thema von institutioneller Seite angesprochen. Dabei ist der Zeitpunkt keineswegs zufällig. So schreibt Peter Wagner:

> „Dieses Datum gibt zu denken: Es ist der Moment, in dem der Nachkriegsschwung der europäischen Integration nachlässt. Der gemeinsame Markt ist geschaffen, aber Versuche darüber hinauszugehen, treffen auf Zurückhaltung und Widerstand“ (Wagner 2005: 498).

Damit wird auf europäischer Ebene auf Sinn- und Orientierungskrisen auf gleiche Weise reagiert wie auf nationaler: Mit dem Ruf nach Identität.

4.1 Europäische Identität und Öffentlichkeit

Im Diskurs über die europäische Identität wird ihre Herausbildung oft als Grundlage für die Demokratisierung der Europäischen Union gesehen. Demokratisierung ist dabei mit der Entwicklung von Willens- und Aushandlungsprozessen verbunden, die einen gemeinsamen öffentlichen Raum voraussetzen. Dieser wird, so eine oft formulierte These, sich jedoch nicht bilden, „ohne das Bewusstsein, über nationale Grenzen hinweg demselben politischen Gemeinwesen anzugehören“ (Habermas 2004: 71). Die Basis für eine nationale Identität in Form eines gemeinsamen politischen Systems und gemeinsamer Institutionen ist auch auf europäischer Ebene zu finden. So hat die Idee der europäischen Einheit bereits eine Institutionalisierung gefunden und dadurch einheitliche Bezugsobjekte geschaffen (Lepsius 1999: 92). Das Bewusstsein, dass es sich dabei tatsächlich um gemeinsame Institutionen handelt, welche Entscheidungen für alle Europäer treffen, wird jedoch als defizitär entwickelt betrachtet. In der Diskursanalyse und später in der Inhaltsanalyse der Schulbücher muss deshalb untersucht werden, ob die gemeinsame Betroffenheit durch die Entscheidungen der Institutionen der EU auch als solche kommuniziert wird. Trifft dies zu, kann man von einem identitätsstiftenden Moment sprechen. Die Vermittlung, dass die Europäische Union Entscheidungen für alle ihre Bürger trifft, ist dann die Basis für die Konstruktion einer politischen europäischen Identität.

Für die europäische Öffentlichkeit würde dies bedeuten, dass die Darstellung gemeinsamer Betroffenheit und ihre Wahrnehmung in der Bevölkerung zu einer Kommunikationsgemeinschaft führen kann. Europäische Öffentlichkeit jedoch bedeutet nicht a priori auch eine europäische Kommunikationsgemeinschaft. Ersteres soll hier eine viel weitere Definition erfahren. Öffentlichkeit muss verstanden werden als eine Arena, zu der alle Themen und alle Akteure potentiell Zugang finden. Bedingung für die Entstehung eines solchen Kommunikationsraums ist zunächst lediglich die „Auflösung einer vertikal, differenzierten, ständisch organisierten Gesellschaft" (Gerhards 1994: 84). Sie ist somit Kennzeichen aller modernen Sozialgefüge. Ihre einzigen Konstitutionsbedingungen bestehen in dem Vorhandensein der drei Akteursgruppen Sprecher, Medium und Publikum und dem Interesse an einem gemeinsamen Interaktionszusammenhang. Empirische Untersuchungen haben ergeben, dass eine europäische Öffentlichkeit bereits existiert, wenn auch gering (Lauf/Peter 2004; Eder 2000; Scherer/Vesper 2004). Diese stellt sich zwar nicht in Form einer supranationalen Öffentlichkeit dar, wie sie durch einheitliche europäische Medien und eine *lingua franca* erkennbar wäre, sie existiert jedoch infolge der Europäisierung nationaler Öffentlichkeiten. Zum einen durch die Aufnahme und Diskussion von Themen über die Institutionen und Prozesse der Europäischen Union, also genuin europäische Themen. Zum anderen, wenn auch bis dato nur schwach ausgeprägt, durch die Einbindung nachbarstaatlicher, politischer Ereignisse und Diskurse in die eigenen.

Die gleichen Analysen ergaben aber auch, dass ein Kommunikationsraum, der zum einen durch eine Kontinuität der Berichterstattung[17] und zum anderen durch einen diskursiven Charakter gekennzeichnet werden kann, noch zu schwach ausgebildet ist, um ihn als solchen bezeichnen zu können. Insbesondere der diskursive Charakter der Kommunikation, das heißt, die Darstellungen von Diskursen in anderen Ländern und ein Rückbeziehen dieser auf das eigene Handeln, findet nur selten statt.

[17] Eine Analyse von Jochen Peter aus dem Jahr 2004, zeigt auf, dass gerade einmal 8% der Fernsehberichterstattung die EU zum Thema hat. Peter kommt deshalb zu der Schlussfolgerung, dass eine europäische Öffentlichkeit nicht existiert und „auch die Idee einer Europäisierung nationaler Öffentlichkeiten mehr Wunschdenken als Realität"(Peter 2004: 158) ist. Die seiner Ansicht nach fehlende Öffentlichkeit, soll hier jedoch durch den Begriff des Kommunikationsraumes ersetzt werden.

Dies wird beispielsweise in einer Untersuchung zum Türkei-Beitritt und dessen Thematisierung in den europäischen Medien belegt. Andreas Wimmler analysierte dazu in seinem Buch *Transnationale Diskurse in Europa* nationale Qualitätszeitungen aus Deutschland, Frankreich und Großbritannien.[18] Ziel seiner Arbeit war es, an zuvor erstellten Bedingungen eine europäisierte Diskursöffentlichkeit nachzuweisen und zu prüfen, ob „es sich bei der Türkeidebatte um einen transnationalen Diskurs, der in der europäischen Medienöffentlichkeit geführt und/ oder referiert wurde, und trotz der sprachlichen und kulturellen Grenzziehungen in Europa einen innereuropäischen Selbstverständigungsprozess eingeleitet und konstituiert hat" (Wimmler 2006: 101). Der Autor nutzte für seine empirischen Untersuchungen eine quantitative Strukturanalyse und eine qualitativ-hermeneutische Inhaltsanalyse. Seine zweimonatige Vollerhebung der nationalen Qualitätszeitungen bestätigte die bisherigen empirischen Untersuchungen. So weist er nach, dass nationale Sprecher, wie unter anderem Politiker, Journalisten oder Wissenschaftler in den Debatten zu einem übergroßen Teil nur Bezug auf andere nationale Sprecher nahmen. Von 101 deutschen Sprechern bezogen sich 53 auf andere deutsche Sprecher, jedoch nur sechs auf französische Sprecher und einer auf britische Sprecher. Demgegenüber nahmen von 101 französischen Sprechern 36 Bezug auf andere französische Sprecher, neun auf deutsche und fünf auf britische Sprecher (ebd.: 118). Anhand seiner Ergebnisse kommt Andreas Wimmler zu dem Schluss, dass „ein direkter diskursiver Austausch zwischen Sprechern aus verschiedenen europäischen Ländern medienvermittelt kaum stattfindet" (ed.: 208). Der Bezugsrahmen bleibt der sprachlich und räumlich begrenzte Nationalstaat.

Diese Feststellung ist für die Untersuchung zur Konstruktion einer europäischen Identität insofern relevant, als dass bei der Interpretation der Ergebnisse der Inhaltsanalyse darauf zu achten sein muss, dass diese nur für den nationalen Rahmen Gültigkeit finden. Zugespitzt kann formuliert werden, dass eine europäische Identität nicht in allen Staaten der EU identisch sein muss.

Darüber hinaus ist die Erkenntnis interessant, dass auch der fachspezifische Diskurs innerhalb der nationalen Grenzen stattfindet. So dienen den deutschen Sozialwissenschaftlern fast ausschließlich nur deutsche Autoren als Referenznamen innerhalb ihrer eigenen Darstellung. Diese These muss hier ungeprüft bleiben, da eine intersubjektiv nachvollziehbare Analyse an dieser Stelle nicht auszuführen ist.

---

[18] Als Untersuchungsmaterialien dienten zwei überregionale Qualitätszeitungen pro Land. Dazu gehörten die *Frankfurter Allgemeine Zeitung* und die *Süddeutsche Zeitung* für Deutschland, *Le Monde* und *Le Figaro* für Frankreich und *The Guardian* und *Financial Times London* für Großbritannien.

Festzuhalten bleibt jedoch, dass im deutschen Diskurs europäische Identität, mit der dann jedoch eher die Identifikation gemeint ist, häufig als Voraussetzung für das Interesse an genuin europäischen Themen genannt wird. Ohne eine europäische Identität würde danach auch die Berichterstattung über Europa nicht zunehmen, die ja am Interesse des Publikums orientiert ist. Die Konstitution einer europäischen Kommunikationsgemeinschaft, und damit die Entwicklung von gemeinsamen Willens- und Entscheidungsprozessen, wären dadurch nicht möglich.

Kritikwürdig bleibt an dieser Argumentation, deren Zirkel hier nur sehr verkürzt wiedergegeben werden kann, der Zusammenhang zwischen Identität und Kommunikation. Es wird dabei nicht deutlich herausgestellt, weshalb Kommunikation über Themen, die gemeinsam betroffen machen auch eine kollektive Identität, in Form der Konstruktion des homogenisierten Kollektivs oder durch die Identifikation mit diesem voraussetzt. Klaus Eder ist Recht zu geben, wenn er schreibt, dass kollektive Identität in öffentlicher Kommunikation entsteht (Eder 2004: 63). Ohne diese ist Identitätsbildung nicht möglich. Doch wenn die Konstruktion der kollektiven Identität erst in dem Diskurs entsteht, weshalb kommt dieser dann in Gang? Das kann mit dieser Argumentation nicht erklärt werden. Es muss daher auch der These von Karl W. Deutsch, der von Eder zitiert wird, widersprochen werden, dass Identitätsbildung „das Ergebnis der Intensivierung von Kommunikation und der damit verbundenen Herstellung eines Kommunikationsraums, in dem die Akteure und deren Handlungen füreinander kommunikativ erreichbar werden" (ebd.: 63) ist.[19] Kollektive Identität besitzt als Konstitutionsbedingung kommunikative Erreichbarkeit, ist jedoch nicht deren Ergebnis. Innerhalb des Diskurses funktionieren Mechanismen, die erst ein bestimmtes Selbstbild konstituieren, ein Wir-Gefühl etablieren und letztlich damit eine Identifikation des Individuums mit dem vorgestellten Kollektiv erzeugen.

Welche Bezugspunkte für die Konstruktion einer europäischen Identität im sozialwissenschaftlichen Diskurs für möglich gehalten werden, darauf soll im Folgenden eingegangen werden.

---

[19] Auch Eric J. Hobsbawn betrachtet bei der Untersuchung der Phänomene Nation und Nationalismus, die Lektüre des Werkes von Karl W. Deutsch zu diesem Thema als nicht unentbehrlich betrachtet (Hobsbawn 1991: 13)

4.2 Europäische Identität und Geschichte

Simon Donig weist in seinem Aufsatz „*Europäische Identitäten – Eine Identität für Europa?*" darauf hin, dass gleich der nationalen Identitätskonstruktion auch auf europäischer Ebene zwei Triebkräfte wirken. Diese sind Inklusion und Exklusion (Donig 2005: 14).

Insbesondere die diskursive Konstruktion einer europäischen Geschichte wirkt auf diese beiden Triebkräfte förderlich. Eine europäische Geschichte macht zum einen die gemeinsame Vergangenheit der Europäer über die Nationalstaaten hinweg deutlich. Zum anderen zeigt sie durch welche historischen Entwicklungen sich Europa von anderen abgrenzt. Die Konstruktion eines kollektiven Gedächtnisses funktioniert dabei durch die gleichen Mechanismen wie auf nationaler Ebene. Ein konstitutiver Bestandteil ist das Vergessen. Im Prozess der Konstruktion einer kollektiven Identität wird sich deshalb auf Bezugspunkte konzentriert, „die das positive Selbstbild stärken und im Einklang mit bestimmten Handlungszielen stehen" (Assmann 2005: 27).

So scheint ein Gründungsmythos bereits gefunden worden zu sein, der den Gedanken des föderativen Charakters der EU historisch verankert. Dieser reicht laut Julian Nida-Rümlin bis zu den Perserkriegen zurück, als die griechischen Stadtstaaten sich dem Großreich Persien entgegenstellten. Trotz ihrer Ablehnung jeder zentralen und übergeordneten Gewalt, gewannen die kleinen autarken Poleis gegen das Großreich. Die Idee hinter dieser Interpretation scheint sich perfekt zu eignen, „um eine normative Identität Europas zu akzentuieren" (Nida-Rümlin 2007: 39). Die Vorteile der Autarkie und die des Zusammenschlusses zur Meisterung von Krisen und zur gegenseitigen Steigerung des, wie auch immer gefassten Mehrwertes, werden darin deutlich.

Eine gemeinsame historische Identität erfüllt damit auf europäischer Ebene auch die gleiche Funktion wie auf nationaler. Die Konstruktion einer gemeinsamen Vergangenheit untermauert einen in die Zukunft gerichteten gemeinsamen Willen, wodurch die Gegenwart als Notwendigkeit innerhalb der Entwicklung dargestellt wird und ihr damit der Status der Zufälligkeit genommen wird (Assmann 2005: 25). Politische Entscheidungen können damit in eine historische Kontinuität eingespannt und somit legitimiert werden.

So finden sich innerhalb der Debatte um den Beitritt der Türkei immer wieder derartige Beiträge, die ihre Argumentation durch das Aufgreifen historischer „Tatsachen" legitimieren.[20] Geschichte dient folglich als wissenschaftliche Erklärung für Andersartigkeit im Sinne kultureller Unterschiede. Die bereits angesprochenen Perserkriege können deshalb nicht nur für die Legitimation der politischen Struktur der Europäischen Union dienen, sondern auch als europäische Gedächtnisfiguren, die die heutigen europäischen Werte symbolisieren und historisch verwurzeln. Bei der Rezeption der Ereignisse im antiken Griechenland geht es daher „nicht allein um den Abwehrkampf kleiner alliierter Staaten gegen ein Weltreich, sondern um einen säkularen, universalen und prinzipiellen Konflikt zwischen zwei Welten, zwischen sich antithetisch gegenüberstehenden Konzepten und Stilen" (Gehrke 2005: 40). Die Hellenen trafen, wie Hans-Joachim Gehrke schreibt, auf die Barbaren und damit in der Interpretation auch Freiheit auf Despotismus, Gesetz auf Willkür und Maß auf Hybris (ebd.: 40). Verstärkt durch ähnliche Rezeptionen historischer Ereignisse wie die Türkenkriege im 15. Jahrhundert, entstand so das Gegensatzpaar Zivilisation und Barbarei, welches bis in heutige Diskurse hineinragt. Debatten über die Identität Europas werden durch den Bezug auf besondere europäische Werte geführt, deren Entstehung und Entwicklung auf Grund historischer Verläufe erklärt werden. Eine typische Verbindung findet sich zum Beispiel in folgendem Satz von Hans Joas:

> „Die klassische Szene aus der europäischen Kulturgeschichte, in der wir das Ineinander von Bindung und Freiheit sehen, ist Martin Luthers Weigerung zu widerrufen auf dem Reichstag zu Worms mit den vielleicht gar nicht so gefallenen Worten: ‚Hier stehe ich, ich kann nicht anders. Gott helfe mir. Amen.'" (Joas 2005: 14).

Obwohl Joas mit diesem Beispiel lediglich die Bedeutung von Werten veranschaulichen möchte, europäisiert er Luther als historische Figur und damit auch den Protestantismus als Teil der kulturellen Identität.

Geschichtsschreibung wirkt jedoch nicht nur exkludierend, indem, wenn auch nichtintentional, *Outgroups* konstituiert werden, die die „europäische Geschichte" nicht durchlaufen haben, sondern auch inkludierend. Insbesondere die grausamen Geschehnisse des 20. Jahrhunderts werden aus den spezifischen Kontexten gelöst und zu einer europäischen Geschichte konstruiert. Erinnerungskulturen verlassen dann den nationalstaatlichen Rahmen und werden europäisiert.

---

[20] Samuel P. Huntington bspw. verfolgt eine derartige Argumentationsweise (Huntington 1998: 252)

„Europa könnte eine Erinnerungsgemeinschaft werden, in der nach den unausdenkbaren Gräueltaten und Schrecken des 20. Jahrhunderts alle Geschichten erinnert werden können, einschließlich derer, die man gerade vergessen möchte" (Assmann 2005: 31).

Im Diskurs wird damit konstruiert, was Erster und Zweiter Weltkrieg und auch die Shoah zunächst nicht waren: eine europäische Geschichte. Sowohl Täter als auch Opfer sind demnach im gesamten Europa zu finden, ihre Trennung unterläuft die nationalstaatlichen Grenzen (Assmann 2005: 31). Das gemeinsame Erinnern, welches sich auch über den Diskurs hinweg in Institutionen, wie beispielsweise der Kriegsgräberfürsorge oder zentralen Gedenkstätten[21], manifestiert, wirkt schließlich in dem Maße identitätsstiftend, wie diese Geschichte und die daraus gezogenen Erkenntnisse zum einen für ganz Europa verbucht werden können, zum anderen jedoch auch die besondere Verantwortung der Europäer darstellen. So wird die Not zur Tugend und auf eine perfide Art die Geschichte der europäischen Staaten im Europa des 20.Jahrhunderts als Besonderheit dargestellt. Ein Zitat von Rita Süssmuth, der ehemaligen Bundesministerin und Bundestagspräsidentin, aus ihrem Geleitwort zum Tagungsband mit dem Thema *Europäische Identitäten – Eine europäische Identität?*, soll an dieser Stelle exemplarisch angeführt werden:

„Denn Europa ist auch die gelebte Überwindung der Gräben zwischen den Nationen in der Vergangenheit – freilich nicht durch Vergessen und Verbrämen, sondern durch ehrliches Erinnern und Gedenken. Die Auseinandersetzung mit und Überwindung von chauvinistischem Nationalismus, Rassismus und Fundamentalismus, egal woher sie kommen und egal welche Form sie annehmen mögen, ist ein entscheidender Bestandteil der Genese einer europäischen Identität" (Süssmuth 2005: 11).

Totalitarismus im Allgemeinen und die Shoah im Besonderen werden auf diese Weise im Erinnern europäisiert und wirken dadurch identitätsstiftend.

Auch die mit dem Zweiten Weltkrieg verbundenen Vertreibungen finden sich im Angebot für eine europäische Identität. So ist zu lesen, dass die Vertreibungen zu den Themen gehören, die für die Ausarbeitung eines gemeinsamen Geschichtsbildes am besten geeignet sind, da zahlreiche Merkmale existieren, die für die meisten Vertreibungen zutreffen (Stoklosa 2006: 38). Sie können deshalb nicht mehr nur von der nationalstaatlichen Perspektive betrachtet werden.

---

[21] Die *Neue Wache*, gehört beispielsweise zu jenen Gedenkstätten, die allen Opfern des Zweiten Weltkriegs in Europa gewidmet sind. Ende der achtziger Jahre gab es viel Kritik an der Inschrift, da diese unterschiedslos allen Toten gedenkt, das heißt Tätern wie Opfern (Moller 1998: 13).

4.3 Europäische Identität und Kultur

Anthony D. Smith schreibt, „nations must have a measure of common culture and a civic ideology, a set of common understandings and aspirations, sentiments and ideas, that bind the population together in their homeland" (Smith 1991: 11).
Nationale Identität beinhaltet somit immer Bestandteile politischer und kultureller Identitäten gleichermaßen. Könnte dagegen die Europäische Union als Gemeinschaft ohne eine kulturelle, nur auf politischer Identität basierend, gedacht werden? In den Diskursen über die kulturelle Identität Europas wird dies überwiegend verneint.
Zum einen geschieht dies aus der Feststellung heraus, dass politische Entscheidungen immer auch an Kultur, in Form von Werten und Normen gebunden sind. Zum anderen aus dem Grund, dass nur eine ausgeprägte kulturelle Identität auch affektive Identifikationen nach sich ziehen kann. Rien T. Segers und Reinhold Viehoff argumentieren in ihren *Überlegungen zum Problem der Kultur in Europa* in dieser Weise. Bis dato, so die beiden Wissenschaftler, „verbinden sich mit der Europäischen Union Zweckmäßigkeitsurteile, aber keine oder wenige wertbezogene Identifikationen. [...] Aber [das, C.L.] muß sich ändern, wenn Europa mehr sein soll als ein Wirtschaftsstandort oder eine Administrationseinheit" (Segers/ Viehoff 1999: 46). Nicht nur die Behauptung, dass die Konstruktion einer kulturellen Identität notwendig ist, äußern Segers und Viehoff, sondern auch Vorschläge, auf welche Weise Europa zu einer solchen gelangen kann. Mit einer aktiven Kulturpolitik kann die EU beispielsweise eine kulturelle Identität, wenn auch nicht herstellen, so doch zumindest fördern (ebd.: 46). Wie sich dies empirisch gestaltet, wird ebenfalls in einigen Beiträgen dargestellt. Die EU selbst weist „die Aufgabe der Förderung einer europäischen Identität und eines gemeinsamen Bewusstseins maßgeblich den Bereichen der Bildungs- und Kulturpolitik zu" (Quenzel 2005: 21). Letztere kann sie im Vergleich zur Bildungspolitik selbst aktiv mitgestalten. Durch Initiativen, wie ‚Kulturhauptstädte Europas' oder Schüler- und Studentenaustauschprogrammen, kommt es zunächst zu einem Austausch der verschiedenen Kulturen. Darüber hinaus jedoch muss sie, um zu einer europäischen Identität zu gelangen, eine „Neuerzählung der nationalen Kunst- und Kulturgeschichten anstreben" (ebd.: 23). Diese kann unter anderem durch eine Europäisierung der Bildungsinhalte, insbesondere durch die „Einübung eines gemeinsamen europäischen Geschichtsbildes"(Beck/Grande 2004: 165), erreicht werden.

Bislang jedoch wird die kulturelle Identität vor allem durch die Betonung auf die Teilidentitäten konstruiert. Vielfalt, aufgrund der starken nationalstaatlichen Kulturen, ist dabei ein Merkmal (Weidenfeld 2007: 21; Segers/Viehoff 1999: 45; Lepsius 1999: 99; Wagner 2005: 495). Eine übergeordnete Identität, wie sie mit jener der USA vergleichbar wäre, wird als generell wünschenswert signalisiert. Doch auf der anderen Seite werden gerade die starken national geprägten Kulturidentitäten als Besonderheit Europas betont. Als stärkstes Hemmnis für die Herausbildung einer einheitlichen europäischen kulturellen Identität wird das Fehlen einer *lingua franca* angeführt, die stark mit dem Problem des Öffentlichkeitsdefizits korrespondiert.[22] Seit dem 1. Mai 2004 gibt es in der Europäischen Union 20 verschiedene Amtssprachen. Englisch gilt zwar als Verkehrssprache, wird jedoch nur von der Minderheit gesprochen. Das führt dazu, dass die „überwiegende Mehrheit der Europäer [...] sich mit der überwiegenden Mehrheit der Europäer nicht verständigen" kann (Kielsmannegg 2003: 58). Für eine europäische kulturelle Identität scheint dies problematisch, da Identität immer in gemeinsamen Diskursen konstruiert wird. Übersetzungen helfen, dieses Hemmnis zu mindern, doch die Bedeutungen einzelner Begriffe, die oft einen historischen Hintergrund besitzen, können auf diese Weise nur schwer mitgeteilt werden.

Kompensierend wirkt dagegen der Bezug auf gemeinsame Werte. Diese werden häufig in Verbindung mit der gemeinsamen christlichen Vergangenheit angeführt. Zudem, so ist in der Literatur zu lesen, entstand die Idee von Europa eng mit den Gedanken über die Grenzen des Christentums (Wagner 2005: 499). Nach Gudrun Quenzel ist im 13. Jahrhundert, infolge der Exkommunikation und damit einhergehender Isolierung und Marginalisierung, die Trennung zu christlichen Gemeinden im mittleren Osten und Afrika erfolgt (Quenzel 2005: 108). Der Begriff Europa korrespondiert ab diesem Zeitpunkt mit dem des Christentums. Obwohl sich Europa heute als säkularisierte Gesellschaft versteht, in der Staat und Kirche getrennt sind, ist noch immer ein starker Bezug auf die christliche Vergangenheit erkennbar. Dieser wurde besonders in den Debatten um den europäischen Verfassungsentwurf deutlich, der nach einigen Politikern eine stärkere Betonung der christlichen Ursprünge enthalten sollte. Dass Europa beziehungsweise die europäische Gesellschaft mehr durch die jüdisch-christlichen Ideen als die klassisch-antiken Überlieferungen geprägt wurde, ist auch für den Historiker Wilhelm Kaltenstadler von großer Bedeutung. Die europäischen

[22] Zum Zusammenhang von fehlender *lingua franca* und Öffentlichkeitsdefizit vgl. u.a. Gerhards 2000: 289-292 und Steeg 2003: 172.

Werte und Tugenden sind demnach bereits im Alten und Neuen Testament und nicht erst in der römisch-griechischen Antike zu finden (Kaltenstadler 2005: 10). Die Berufung auf die christlichen Ursprünge stellt im Diskurs über die europäische Identität eine Konstante dar. Sie bietet die historischen Argumente für die Andersartigkeit im Sinne von Besonderheit Europas im Vergleich zu seinen Nachbarn. So wird sich in der Debatte um den Türkei-Beitritt, aber auch in der Auseinandersetzung mit der Politik der USA, gern auf die christlichen Traditionen berufen. Zu den Abgrenzungsmechanismen erfolgen in Kapitel 4.5 detailliertere Ausführungen.
Im Gegensatz zu einem gemeinsamen Geschichtsbild fehlt es den Europäern scheinbar nicht an einem Wertekanon. Die EU ist in doppelter Hinsicht eine Wertegemeinschaft (Wagner, Hartmut 2006: 75). Sie ist es einerseits aus empirischer Sicht, da, wie Umfragen bestätigen, die Europäer ähnliche Werte proklamieren. Andererseits versteht sich die Europäische Union aber auch normativ als Wertegemeinschaft (Wagner, Hartmut 2006: 71). So findet sich im Vertrag über eine Verfassung für Europa ein ausführlicher Wertekatalog, der die Grundbedingung für Beitrittskandidaten ist.[23] Besonders der Schutz der Minderheiten wird betont (Semprún/Villepin 2005: 190). Dieser Schutz wird aus der Besonderheit der europäischen Geschichte und ihrer herausgehobenen Verantwortung begründet. Er wird aber auch als ein Ausdruck für die Akzeptanz von Verschiedenartigkeit und für Solidarität dargestellt. Insbesondere der Bezug auf die Solidarität ist ein im Diskurs über die europäische Identität immer wiederkehrender Wert, der den Europäern als herausragendes Attribut zugeschrieben wird. So ist neben der materiellen Sicherheit auch das ausgeprägte Gefühl von Solidarität eine Ursache für die Entstehung des Wohlfahrtsstaates. Dem Kapitalismus werden nach dieser Argumentation, insbesondere in Europa, Grenzen gesetzt. Die Bedeutung von sozialen Rechten für das Individuum ist auch im Verfassungsentwurf verankert, der sie gebündelt und „zu einem rechtlichen Imperativ erhoben" (Semprún/Villepin 2005: 184) hat. Solidarität wiederum wird auf die europäische Tradition des Humanismus zurückgeführt, der die Betonung auf das Individuum legt. Im 18. Jahrhundert entwickelte sich demzufolge ein Individualismus, der „dem einzelnen Men-

[23] In Artikel I-2 im Vertrag über eine Verfassung für Europa ist zu lesen: „Die Werte, auf die sich die Union gründet, sind die Achtung der Menschenwürde, Freiheit, Demokratie, Gleichheit, Rechtsstaatlichkeit und die Wahrung der Menschenrechte einschließlich der Rechte der Personen, die Minderheiten angehören. Diese Werte sind allen Mitgliedsstaaten in einer Gesellschaft gemeinsam, die sich durch Pluralismus, Nichtdiskriminierung, Toleranz, Gerechtigkeit, Solidarität und die Gleichheit von Frauen und Männern auszeichnet"

schen den Gedanken an Selbstverwirklichung auch in Spannung zur Gemeinschaft oder zum Ganzen zugestand" (Wagner 2005: 502).
Dabei kommt es im Diskurs über die kulturelle Identität in Europa zu zwei, eigentlich gegensätzlichen Ausrichtungen. Die Betonung der Gemeinschaft auf der einen Seite und die des Individualismus auf der anderen. Mit je unterschiedlichen Begründungen werden sie zu Fundamenten der proklamierten europäischen Wertegemeinschaft.
Damit wird im Diskurs etwas konstruiert, was man mit dem Begriff von Samuel P. Huntington als Kulturkreis bezeichnen könnte. Diese sind von immenser politischer Relevanz. Trotz ihres Konstruktionscharakters werden sie zu handlungsleitenden Bezugspunkten. In der EU kann dies beispielsweise an der Debatte um den Türkeibeitritt nachvollzogen werden. Kulturkreise bzw. kulturelle Identitäten können dabei viel größer sein als das jeweilige politische System.

> „So kann ein Kulturkreis eine oder mehrere politische Einheiten enthalten; diese Einheiten können Stadtstaaten, Kaiserreiche, Bundesstaaten, Staatenbünde, Nationalstaaten, Vielvölkerstaaten sein, mit jeweils unterschiedlichen Regierungsformen" (Huntington 1998: 56).

Bezüglich der kulturellen Identität Europas lässt sich zusammenfassen, dass im Diskurs stark auf die gemeinsamen Werte, die durch eine gemeinsame Vergangenheit begründet werden, eingegangen wird. Obwohl Europa auf Grund der fehlenden *lingua franca* keine wirkliche Kommunikationsgemeinschaft darstellt, wirken die gemeinsamen Werte und deren Schutz innerhalb eines besonderen politischen Systems verbindend.
Interessant ist dabei die Feststellung, dass die europäischen Werte trotz ihres universalistischen Anspruchs als Besonderheiten dargestellt werden und insbesondere durch die Abgrenzung zu den USA und der Türkei identitätsstiftend wirken, wie später gezeigt wird.

4.4 Europäische Identität und Politik

Kulturelle und politische Identität sind laut Furio Cerutti zwei voneinander zu unterscheidende, sich nicht überlappende Konzepte.[24] Politische Identität bildet dabei eine „Ansammlung sozialer und politischer Werte, die wir als die unseren anerkennen“ (Cerutti 2005: 129). Diese manifestieren sich in Institutionen und werden dadurch zu Identifikationsobjekten. Innerhalb der nationalen Identität überschneiden sich zwar kulturelle und politische Identität, aus analytischer Sicht ist eine getrennte Betrachtung beider jedoch sinnvoll.[25]

Im sozialwissenschaftlichen Diskurs wird die europäische politische Identität vorrangig durch die Betonung ihrer Besonderheit konstruiert. Die EU besitzt weder festgelegte Grenzen noch ein entgültige Integrationsziele. Das macht sie als Identifikationsobjekt schwierig, doch liegt darin auch ein Vorzug dar. Die EU ist erscheint als ein flexibles Gebilde, „das gerade aufgrund seiner Systemdynamik über mehr Handlungsfähigkeit als die starren Nationalstaaten verfügt“ (Thalmaier 2007: 179). Sie stellt damit eine Vorreiterin für postmoderne, postnationale Politik dar, in der der starke Nationalstaat nicht mehr als Garant für Wohlfahrtsstaatlichkeit und Sicherheit seiner Bürger zur Verfügung steht (vgl.: Cerutti 2005). Soziale Risiken durch Globalisierung von wirtschaftlichen Interdependenzen, die Gefährdung durch Umweltverschmutzung und die Bedrohung durch atomare Waffen sind Bereiche, in denen die Nationalstaaten auf Kooperation angewiesen sind. Als erfolgreiches Beispiel für derartige Zusammenarbeit wird Europa präsentiert. Die Europäische Union kann Steuerungs- und Problemlösungsunfähigkeit durch zwischenstaatliche Kooperation kompensieren (Thalmaier 2007: 173). Sie steht für Balance zwischen dem Erhalt autonomer Staatsmacht und der Delegation von Souveränität und bietet „für diese komplizierte Konstruktion [...] derzeit das einzige kohärente politische Beispiel“ (Semprún/Villepin 2005: 192). Darüber hinaus stellt das Fehlen eines europä-

[24] Ähnlich ist es auch bei Eric J. Hobsbawn zu lesen: „Noch neueren Datums ist die Überzeugung, politische Einheit und nationale Einheit – a priori als ethnische, sprachliche, kulturelle oder ähnliche Gemeinsamkeit definiert – müßten zusammenfallen.“ (Hobsbawn 1991: 8)

[25] Da die Nationen erst im 19. und 20. Jahrhundert sich konstituiert haben, handelt es sich um ein noch relativ junges Konzept. Damit ist die Idee, dass kulturelle und politische Identität sich bedingen, für viele Nationen zwar konstitutiv, für ein politisches Gemeinwesen jedoch nicht zwangsläufig. Für die Untersuchung der europäischen Identität und ihrem Vergleich zur nationalen, müssen deshalb politische und kulturelle Aspekte getrennt voneinander untersucht werden.

ischen Ethnos in der EU eine Besonderheit dar. Da es keinen europäischen Ethnos gibt, den Klaus Eder als ein *Wir* im Sinne einander prinzipiell kommunikativ erreichbarer Menschen bezeichnet (Eder 2004: 64), ist die EU eine politische Gemeinschaft, die durch Trennung von Ethnos und Demos gekennzeichnet ist (Cerutti 2005: 134). Damit bildet sie eine strukturelle Neuheit und ist mit den Nationalstaaten nur bedingt vergleichbar.

Aus diesem Grund treten die Befürworter einer „elaborierten Identitätspolitik" (Wagner, Hartmut 2006: 96) der EU auch nicht für ein Nachahmen der Vereinigten Staaten von Amerika ein. Vielmehr wird die politische Besonderheit hervorgehoben, die mit den herkömmlichen Begriffen kaum noch erfasst werden kann. Die fehlende Identität, so ist zu lesen, führt jedoch dazu, dass die positiven Effekte der EU in der Bevölkerung kaum wahrgenommen werden (Thalmaier 2007: 173). Darüber hinaus wird die mangelnde politische Identität der EU auch für die defizitären Kenntnisse über die Strukturen und Zuständigkeiten verantwortlich gemacht.[26] An dieser Stelle lässt sich erneut der Kreis zum Öffentlichkeitsdefizit schließen. Die Ursache für das mangelnde Wissen über die EU wird in der fehlenden Öffentlichkeit gesucht. Die Vertreter der Medien betonen hingegen, dass kein bzw. nur wenig Interesse an europäischen Themen besteht. Um dies zu kompensieren, wird von der EU eine identitätsstiftende Politik gefordert. Anbei werden im Diskurs zudem zahlreiche Vorschläge für Maßnahmen zur Stärkung der politischen Identität geliefert.

Eine starke Stellung nimmt dabei die Forderung nach mehr Partizipationsmöglichkeiten ein. So wird sich eine politische Identität erst in gemeinsamen praktischen Entscheidungsfindungen etablieren (Cerutti 2005: 142). Diese Partizipationsmöglichkeiten können von der Bevölkerung jedoch erst durch klare Kompetenzzuweisungen, die bis dato noch immer defizitär sind, auf EU-Ebene bewusst wahrgenommen werden. Zudem wird eine Stärkung von identitätsstiftenden Institutionen, wie den Parteien, als nötig erachtet (Reese-Schäfer 1999: 27). Die europäischen Parteien sollen demnach die Vertretung von europäischen und nicht nur von nationalen Sonderinteressen übernehmen. Einen ersten Schritt stellte die Zusammenschließung nationaler Parteien mit anderen nationalen Parteien der jeweiligen Parteifamilie im Europawahlkampf 2004 dar (Niedermayer 2005: 40).

[26] Das defizitäre Wissen über die Europäische Union wird in zahlreichen Untersuchungen, die sich meist auf Ergebnisse des Eurobarometers beziehen, gezeigt.

4.5 Europäische Identität und die Anderen

Die Theorien über kollektive Identitäten heben, wie bereits beschrieben, die Existenz von Gegenidentitäten hervor. Das eigene Bild wird danach durch die Abgrenzung zum Anderen entworfen. Die Konstruktion der eigenen Identität zieht in dem Maße Fremdzuschreibungen nach sich, in dem das, was das Eigene ausmacht, nicht auch auf die Anderen zutrifft bzw. nicht in vollem Umfang. Die „Suche nach einer fixen Identität [wird, C.L.] vor allem in Abgrenzung zum anderen fündig" (Narr 1999: 117).

4.5.1 Abgrenzungen zu den USA

Im Diskurs über die europäische Identität finden sich besonders häufig Abgrenzungsverweise auf die USA und den Islam (Kocka 2007: 51; Quenzel 2005: 100). In den gezeichneten Gegenidentitäten überschneiden sich dabei Elemente der zuvor vorgestellten Dimensionen europäischer Identität. So schreibt Olaf Schwencke in Bezug auf die USA: „In Europa gelten die Prinzipien von Rechtsstaatlichkeit und das Völkerrecht, nicht das (Un-)Recht des Stärkeren" (Schwencke 2005: 15). In diesem Zitat, das zu Recht als antiamerikanisch gelten kann, kommen bereits Verweise auf politische als auch auf kulturelle Besonderheiten Europas zur Sprache.

Darüber hinaus gibt es in der Literatur auch Hinweise auf eine positive Entwicklung innerhalb der europäischen Geschichte, die sich besonders durch die „Lehren aus der Geschichte, die gelernt worden sind" (ebd.: 15) auszeichnet. Europa, so ist zu lesen, unterscheidet sich in allen vorher erläuterten Dimensionen von den USA und zeigt damit seine Identität an. Auf einige markante Punkte soll im Folgenden eingegangen werden.[27]

Am deutlichsten tritt ein proklamierter Werteunterschied zwischen den USA und Europa hervor, dessen Ursachen in der vermeintlich genuin europäischen Geschichte zu finden sind. Europa wird als Wiege der Kultur gezeichnet, als Ursprung jeglicher Zivilisation (ebd.: 19). Die römische und griechische Antike und damit die Ursprünge der Demokratie werden, wie auch die Aufklärung, explizit als Bestandteile der europäischen Geschichte dargestellt. Dieses Hochhalten europäischer Werte und europä-

[27] Es handelt sich hier nicht um eine vollständige Aufzählung.

ischer Geschichte trifft auf die „Klage über den durch die Vereinigten Staaten verursachten und allerorts erfolgten Niedergang gewachsener und bewährter Werte und Traditionen“, wie Dan Diner kritisiert (Diner 2003: 25). In seinem Buch über den Antiamerikanismus *Amerika, dich hasst sich's besser* – gibt Andrei S. Markovits eine weit verbreitete Sichtweise über die USA wieder:
„Amerikanische Kultur ist Ausdruck einer entfremdeten, brutalen, kapitalistischen Gesellschaft, die ausschließlich Profit großer Unternehmen, seelenlose, formbare und unauthentische Kunstwesen hervor gebracht hat“ (Markovits 2004: 56).
Nur dadurch ist zu erklären, weshalb die französischen Autoren Jorge Semprún und Dominique Villepin die rhetorische Frage stellen:

> „Welches andere politische Gebilde wäre gegenwärtig bereit, den Standpunkt zu vertreten, dass Kulturgüter Güter besonderer Art sind, die sich der strengen Logik des Marktes entziehen und gesondert behandelt zu werden verdienen?“ (Semprún/Villepin 2005: 184).

Die USA scheinen dazu nicht in der Lage. Die Auseinandersetzung mit dem spezifisch Europäischen in Abgrenzung zu den USA findet in Überlegungen zur Wirtschaft eine scheinbar legitime Möglichkeit der Kommunizierbarkeit:

> „Am Beginn des 21. Jahrhunderts lautet die Alternative: angloamerikanischer Kapitalismus oder europäischer Kapitalismus bzw. in alter deutscher Diktion: reine oder soziale Marktwirtschaft.“ (Müller 2006: 250)

Durch derartige Aussagen wird zum einen eine besondere Form des Kapitalismus innerhalb Europas konstruiert. Zum anderen grenzt man diesen zu dem der USA ab. Mittels der Gleichsetzung des europäischen Kapitalismus mit der sozialen Marktwirtschaft wird die Besonderheit darüber hinaus positiv konnotiert.
Auch in Fragen zum Umweltschutz, den die Autoren Semprún und Villepin als Wert von allgemeiner Bedeutung beurteilen, wird die EU kompetenter und somit positiver in Abgrenzung zu den USA dargestellt. So fühlt sich die EU zum Erhalt der natürlichen Ressourcen verpflichtet, „während die Vereinigten Staaten und mit ihnen weitere Großmächte deren Zerstörung in Kauf nehmen, um das Niveau ihrer wirtschaftlichen Entwicklung zu halten.“ (Semprún/ Villepin: 185)
Darüber hinaus wird in einigen Texten das Verhältnis von individueller Freiheit und Solidarität genannt, welches sich in Europa im Modell des Sozialstaates manifestiert hat (vgl. Kocka 2005: 52). Der Sozialstaat wiederum ist als Ergebnis der Lehren aus

den Katastrophen des 20. Jahrhunderts zu sehen. Die Europäer haben demnach, wie bereits erwähnt, aus ihrer Geschichte gelernt. Die US-Amerikaner jedoch nicht (Kocka 2005: 52).
Dabei fungiert die Abgrenzung zu den USA innerhalb Europas inkludierend. Über die nationalstaatlichen Grenzen hinweg ähnelt sich das Bild über die USA (Markovits 2004: 55). Das heißt, die Amerikabilder in den europäischen Staaten sind identisch.

4.5.2 Die Türkei

Neben den USA bilden im sozialwissenschaftlichen Diskurs die islamischen Länder ein Gegenüber, von dem sich Europa abgrenzt und damit das ihm Eigene herausstellt. Besonders in der Debatte um den Beitritt der Türkei in die Europäische Union wird dies deutlich. Dort werden Argumente für und gegen einen Beitritt angeführt, die sich durchaus auch mit der *rational-choice-theory* erklären lassen. So schreibt der Historiker Hans-Ulrich Wehler, dass die Türkei auf die wirtschaftlichen Zuschüsse der EU angewiesen ist. Eine wirtschaftliche Stabilität der Türkei ist jedoch nicht sichtbar. Auf absehbare Zeit ist sie damit ein Fass ohne Boden, deren EU-Zuschüsse immer wieder spurlos versickern würden, wie Wehler schreibt (Wehler 2006: 1146). Dieses Argument ist, wie das ebenfalls oft angebrachte Migrationsproblem, ein rational zu erklärendes Kosten-Nutzen-Kalkül. Die meisten Punkte sind damit jedoch nicht mehr zu erklären. So findet sich in den Beiträgen gegen einen Türkei-Beitritt immer auch ein Verweis auf die westliche Wertegemeinschaft, zu der die Türkei eben nicht gehöre (ebd.: 1148).
Nicht nur die Gegner, sondern auch die Befürworter eines Türkei-Beitritts untermauern ihre Argumentation mit Verweisen auf eine europäische Identität, die ihre Wurzeln in gemeinsamen Werten hat. So zeichnet sich die EU durch Vielfalt und Religionsfreiheit aus, die eine Verweigerung des Beitritts der Türkei nicht begründbar machen (Rühle 2006: 1128). Nach dieser Argumentationsweise würde Europa seine Identität durch die Aufnahme der Türkei nur stärken oder sogar vollenden. Erst durch den Beitritt der Türkei zur EU würde Europa zum Modell für die ganze Welt werden (Meyer 2004: 155). Die EU wäre dann ein politisches Gemeinwesen trotz unterschiedlicher Weltreligionen.
Die Beiträge zur Debatte um den Türkei-Beitritt belegen deutlich, dass es sich dabei um eine Identitätsfindung für Europa handelt. Was soll die EU sein? Diese Frage schwingt in allen Texten mit. Einige Autoren stützen sich auf die Wertegemeinschaft

und versuchen, zu be- oder widerlegen, dass die türkischen Staatsbürger die gleichen Werte vertreten wie die europäischen.[28] Die Suche nach gleichen oder unterschiedlichen Wertevorstellungen wird mit dem Zusammenhang von Solidarität und Demokratie begründet. Eine Demokratie, die auf Mehrheitsentscheidungen beruht, müsse demnach auch eine Solidargemeinschaft darstellen. Der Demos aus Minder- und Mehrheit muss sich als solcher auch verstehen, was durch geteilte Werte quasi erleichtert würde. Die Analyse von Werten in Europa und der Türkei vermittelt folglich die Aussage, dass die Bürger der EU eine Wertegemeinschaft darstellen bzw. eine solche bilden sollten. Dies ist ein eindeutiges Bekenntnis zur Identität Europas. Demgegenüber konstruieren jedoch auch Autoren, die jegliche kulturellen Annahmen, sei es im Sinne von Lebensweisen oder von gemeinsamer Geschichte, also kollektivem Gedächtnis, ablehnen, eine Identität Europas durch die Auseinandersetzung mit der Türkei. So legt der Politikwissenschaftler Thomas Meyer dar, dass die kulturelle Identität innerhalb der Diskussion um den Türkei-Beitritt nicht entscheidend sein kann, sondern ausschließlich die politische Überzeugung. Eine Homogenisierung der Kulturen und Lebensweisen kann danach nicht das Ziel sein:

> „Solche Unterschiede nicht nur zuzulassen, sondern gerade zu wollen und zu schützen, das Verschiedene zu beherbergen und zu fördern, das gerade ist es ja, was zu den Grundgesamtheiten zählt, die eine politische Identität Europas begründen" (Meyer 2004: 147).

Die Identität Europas wäre demzufolge eine rein politische. Interessant dabei ist, dass in Beiträgen, die eine kulturelle Identität von Europa für nicht wünschenswert oder gar kontraproduktiv darstellen, nichtsdestotrotz eine solche konstruiert wird. Das

---

[28] Jürgen Gerhards kann an dieser Stelle als Beispiel genannt werden. Auf der Grundlage von Primär- und Sekundärrecht innerhalb der EU hat Gerhards die konstitutiven Werte abgeleitet und in fünf verschiedene Wertesphären – Religion, Ökonomie, Politik, Wohlfahrtsstaat sowie Familie und Geschlechterrollen – unterschieden (Gerhards 2006: 121). Mittels des „European Values Survey" (EVS) von 1999/2000 wurde daraufhin analysiert, inwieweit Werte in den west- und den mittel-osteuropäischen Ländern und der Türkei akzeptiert werden (Gerhards 2006: 122). Letztlich stellte Gerhards große Wertunterschiede fest:

„Sowohl im Hinblick auf die Familienvorstellungen als auch im Hinblick auf die Religionsvorstellungen zeigt sich, dass die von der Europäischen Union als wichtig erachteten Werte von den Bürgern der alten und neuen Mitgliedsländer akzeptiert werden; sie erhalten eine geringere Unterstützung von den Bürgern der beiden Länder der nächsten Beitrittsrunde, insbesondere der Bürger Rumäniens. Vor allem aber zeigt sich, dass die Türkei von den Vorstellungen der EU deutlich abweicht." (Gerhards 2006: 128)

Buch von Thomas Meyer *Die Identität Europas* kann an dieser Stelle stellvertretend genannt werden. Meyer erzeugt, obwohl er sich explizit gegen die Notwendigkeit einer kulturellen europäischen Identität ausspricht, eine solche, indem Schnittstellen mit der europäischer Kultur und Geschichte sich findet und zu verstehen gibt, das beide existieren:

> „Dabei war die Überlappung mit europäischer Tradition dem Land [der Türkei, C.L.] nie fremd. Aber die europäische Kultur hat ihre Wurzeln auch in Kleinasien. Hier lebte Herodot, hier lehrte Thales von Milet, hier entstand der ionische Baustil, der die abendländische Baugeschichte beeinflußt hat. Auf dem Boden der heutigen Türkei befinden sich die ältesten christlichen Gemeinden außerhalb Europas. Der Apostel Paulus schickte seine Briefe nach Ephesus. Anatolien war die Brücke des Christentums von den Heiligen Stätten seines Ursprungs nach Europa." (Meyer 2004: 151)

Die Türkei wird in Beiträgen wie diesen als das ‚Andere' dargestellt. Europa wird präsentiert im Vergleich zu einem Gegenüber, dass nicht nur durch sein politisches System, sondern über alle Dimensionen hinweg anders ist und genau aus diesem Grund auf- bzw. nicht aufgenommen werden soll. Diese Erkenntnis wird durch Analysen anderer Spezialdiskurse gestützt. Silke Paasche untersuchte in ihrem Buch *Europa und die Türkei* die Konstruktion europäischer Identität in deutschen und französischen Parlamentsdebatten. Dabei kommt auch sie zu dem Ergebnis, dass die Türkei vor allem als „Repräsentantin des Orients" und damit als das ‚Andere' vorgestellt wird (Paasche 2007: 88). Interessant dabei ist, dass der Zivilisationsdiskurs ein wesentlicher ist, indem andere Diskursstränge miteinander verbunden werden. Die Türkei gehört infolge ihres Entwicklungsstandes noch nicht zur EU. Dieser Rückstand kann zwar überwunden werden, hat aber seine Ursache im Islam. Die von Paasche herausgefilterten Argumentationslinien stützen sich, sowohl in Frankreich als auch in Deutschland, darauf, dass die Türkei aufgrund des Islams weniger Chancen hat sich zu europäisieren (Paasche 2007: 60). Der Islam wirkt sich jedoch nicht nur auf die kulturelle Dimension innerhalb der Identitätskonstruktion aus, sondern auf all jene, die für die Konstruktion von nationaler Identität herausgearbeitet wurden. Die Religion ist im Fall der Türkei somit die Ursache für kulturelle Unterschiede im Sinne von Lebensweise und Geschichte, aber auch für die Missachtung von Menschen- und Minderheitenrechten und den wirtschaftlichen Entwicklungsrückstand. Im Gegensatz zu anderen Staaten, wie Rumänien oder Bulgarien, werden die Entwicklungschancen auf Grund der islamischen Religion als geringer eingeschätzt. Die wahre Abgrenzung im Fall der Türkei ist somit eine Abgrenzung gegen den Islam.

4.6 Europäische Identität im Diskurs – Ein Zwischenresümee

Die Analyse des Diskurses über die europäische Identität führt zu zwei Erkenntnissen. Zum einen beschäftigen sich die Diskursbeiträge zum Thema europäische Identität, welche nach dem Jahr 2000 erschienen sind, mit der Frage nach dem *Wie*. Das heißt, es geht weniger um die essentielle Frage, ob Europa eine Identität braucht, sondern stärker um Angebote, wie sich eine solche gestalten könnte. Die kritischen Beiträge zu dem Problem der kollektiven Identität treten dabei in den Hintergrund. Fast unumstößlich scheint die Tatsache, dass Identitätsbildung „eine notwendige Grundlage für die strukturelle Integration moderner demokratisch verfaßter Großgesellschaften" ist (Kreckel 1994: 18). Der dahinter stehende ideologisierende Sprachgebrauch wird nicht mehr, als zu dekonstruieren getrachtet. Damit wird die europäische Identität essentialisiert, deren Grundlagen lediglich der breiten Öffentlichkeit bewusst gemacht werden müssen. Welche Angebote für diese Identität zur Verfügung gestellt werden, hat die Diskursanalyse deutlich zu machen versucht. Dabei wurde ersichtlich, dass die Dimensionen nationaler Identität auf europäischer Ebene ebenfalls mit Inhalt gefüllt werden. Die Besonderheit europäischer Identität im Vergleich zur nationalen wird daher nicht eingelöst.

Ganz im Gegenteil wird im deutschsprachigen Raum sogar das gleiche Vokabular gebraucht, um das Objekt Europa beschreibbar zu machen. Nach Werner Weidenfeld hat die Integration Europas „seit ihren Anfängen stets mehr im Sinn gehabt als die Maximierung des Nutzens ihrer Mitglieder" (Weidenfeld 2004: 44). Dieses Mehr wird als „Teilnahme an und in einer Schicksalsgemeinschaft" (ebd.: 44) bezeichnet. Dem Begriff der *Schicksalsgemeinschaft* begegnet man heute somit auf nationaler als auch auf europäischer Ebene.[29] Warum der Begriff sich vor allem in Deutschland ei-

[29] Die Autoren des Buches „Europa am Bosporus (er-)finden" kommen nach ihrer Presseanalyse von deutschen, britischen, französischen und italienischen Zeitungen zur Diskussion um den Türkeibeitritt ebenfalls zu dem Ergebnis, dass sich in der deutschen Presse im Gegensatz zu den anderen europäischen Ländern mehr Stimmen äußern, „die die wichtigsten Grundlagen eines EU-Europas in der ‚Schicksalsgemeinschaft' einer gemeinsam durchlebten Geschichte sehen." (Carnevale/ Ihrig/ Weiß 2005: 112)

ner ungebrochenen Beliebtheit erfreut, lässt sich unter anderem durch die bekannte Unterscheidung Friedrich Meineckes in *Staats-* und *Kulturnation* (Meinecke 1908 : 2) erklären. Im Gegensatz zum voluntaristischen Modell, bei dem der Einzelne sich entschließt Bürger eines Nationalstaates zu sein, beruht im ethnisch-kulturellen Gegenmodell die Gemeinschaft auf gleicher Abstammung und gleicher Kultur. Seit der Französischen Revolution wurde von den deutschen Intellektuellen die zweite Erklärung bevorzugt. Die Idee der Schicksalsgemeinschaft entspringt somit der Vorstellung die Nation sei eine Gemeinschaft, die auf einer geteilten Kultur beruht. Obwohl im Diskurs auf die Gefahren eines übersteigerten Nationalismus aufmerksam gemacht wird, erfolgt eine unbewusste Reproduktion in Bezug auf Europa. Politische Entscheidungen werden demnach legitimiert, in dem auf Vergangenes und auf eine gemeinsame Betroffenheit verwiesen wird. Diese „Begründung einer Gemeinschaft durch eine Geschichte, eine Kultur und ein einheitliches Territorium reproduziert das Muster der Nationalstaatsbildung“ (Carnevale/ Ihrig/ Weiß 2005: 112).
Als Zwischenfazit kann daher festgehalten werden, dass die Dimensionen, über die nationale Identität konstruiert wird, auch im Diskurs zur europäischen Identität zu finden sind. Im Anschluss soll geprüft werden, ob und welche Identitätsangebote im Schulbuch zu finden sind.

5. Europäische Identitätsangebote im Schulbuch

Der Schwerpunkt der folgenden Untersuchung liegt auf der quantitativen Methode, die durch eine qualitative lediglich ergänzt werden soll.

Die Schulbuchanalyse verwendet verschiedene Herangehensweisen, um das Material zu erschließen. Man kann diese zunächst grob in deskriptiv-analytische Inhaltsanalysen und didaktisch orientierte Analysen unterscheiden (Schatzker 1981: 39). Letztere ist für die Untersuchung von europäischen Identitätskonstruktionen nicht von Relevanz.

In dieser Studie geht es vielmehr um eine „Schulbuchanalyse unter inhaltlicher Fragestellung nach der zu vermittelnden Geschichte, nach der Legitimation der ausgewählten Inhalte, ihrer quantitativen Relation zu anderen Inhalten, ihrer qualitativen Darstellung und Bewertung“ (ebd.: 39). Dabei ist immer wieder daran zu erinnern, dass „in Schulbüchern keine Wirklichkeit abgebildet wird, sondern ein spezifisches Wissen in hochselektiver Weise“ (Höhne 2003: 64). Es stellt sich deshalb die Frage, welche Identitätsangebote aus dem sozialwissenschaftlichen Diskurs in den Schulbüchern wiederzufinden sind. Dazu werden aus den ausgewählten Büchern alle Textstellen analysiert, die auf Europa in dem Maße Bezug nehmen, wie dies im Methodenteil beschrieben wurde. Darüber hinaus muss der Anteil der europäischen Dimension der nationalen gegenüber gestellt werden. Auf diese Weise kann festgestellt werden, ob eine Europäisierung der Schulbuchinhalte stattfindet. Für diese Frage ist die Raumanalyse hilfreich, in der „durch genaue Messungen – je nach Fragestellung und Genauigkeitsbedürfnis: Seitenzählung oder Zeilenzählung – festgestellt werden [kann, C.L.], wie viel Raum absolut und relativ, d.h. bezogen auf den Gesamtumfang des jeweiligen Schulbuches, einem bestimmten […] Sachverhalt zur Verfügung gestellt wird, welche Bedeutung ihm damit beigemessen wird“ (Klessmann 1976: 64).

Um die Stringenz zu verstärken, werden die Dimension nationaler Identität, die wie bereits gezeigt auch im Diskurs zur europäischen Identität zu finden waren, als Kategorien für die Schulbuchinhalte genutzt. Zur Erinnerung seien diese Dimensionen hier noch einmal genannt: Öffentlichkeit, Geschichte, Politik, Kultur und Abgrenzung. Aus methodischen Gründen wird die Dimension Öffentlichkeit bei der Analyse der Schulbücher nicht berücksichtigt.[30]

---

[30] Die Frage, ob sich der Grad an Öffentlichkeit durch die Analyse von Schulbüchern sinnvoll messen lässt, kann hier nur vermutet werden. Eine Kopplung von Diskursanalyse und Inhaltsanalyse

Um diese Kategorien/Dimensionen messbar und dadurch intersubjektiv nachvollziehbar zu gestalten, sind im Vorfeld aus methodischer Sicht Operationalisierungen notwendig:

Geschichte: Wie bereits erläutert, können Kultur und Geschichte, als auch Politik und Geschichte im stringenten Sinn nicht voneinander getrennt betrachtet werden. Die Kategorie Geschichte umfasst hier jedoch lediglich Personen und Ereignisse, die nicht in einen größeren Kontext eingeordnet werden. Ähnlich der historistischen Geschichtsauffassung werden diese einzeln betrachtet und nicht als Folge von Prozessen gesehen. Der Verweis auf Martin Luther als Initiator der Reformation und ‚großen Europäer' kann hierzu gezählt werden.

Politik: Handlungsmuster, die internalisiert werden und bezogen sind auf staatliche Aushandlungsprozesse, Institutionen der Verwaltung und des Rechts, werden der politischen Dimension zugeschrieben. Unter politische Dimension soll dabei subsumiert werden, was gesellschaftliches Handeln eingrenzt. Verweise auf die europäische Demokratie als Ergebnis griechischer Wahlsysteme würden als Beispiel in diese Kategorie eingeordnet werden.

Kultur: Unter dem Begriff Kultur werden alle Bezüge auf Traditionen, Werte/ Normen und Menschenbilder verstanden. Um die kulturelle Dimension von der politischen abzugrenzen, ist es notwendig, unter Kultur eine übergreifende Kategorie zu verstehen, deren gesellschaftliche Subdimensionen kaum alle aufgezählt werden können und die die nachfolgenden Begriffe dominiert. Ein Beispiel soll dies deutlich machen. Wird im Folgenden zum Beispiel von der ‚Kultur der Antike' als ‚europäischer Kultur' gesprochen und das griechische Menschenbild als ein europäisches bezeichnet, so soll darunter die Betonung der kulturellen Dimension verstanden werden. Entgegen der politischen Dimension, die Aufzählung eigener Staatlichkeit und Verwaltungsinstitutionen, ist die „Kultur" keine manifeste Dimension. Sie bleibt latent und muss aus soziologischer Sicht als eine Sinndimension hinter den individuellen Handlungen betrachtet werden. Das macht es schwierig sie zu definieren, erlaubt aber den Verweis auf tradierte Handlungsmuster.

---

scheint ebenfalls zweckmäßig, müsste sich jedoch auf massenmediale Diskurse ausweiten. Darüber hinaus sollten die zu analysierten Schulbücher nicht nur dem deutschsprachigen Raum entstammen.

Gegenidentitäten/Abgrenzung: Die oben genannten Kategorien können ergänzt werden mit dem Konzept der Gegenidentität. Darunter ist die Bezugnahme auf das Andere und dessen Spezifika zu verstehen. Dies hat eine Abgrenzung nach außen zur Folge und trägt somit zur Differenzierung gegenüber anderen Kollektiven bei. So kann das Christentum und seine Entstehung und Bedeutung auch ohne Hinweis und Vergleich zu anderen Weltreligionen erklärt werden. Doch erst dieser konstruiert die eigentliche Identität.

Die nun definierten Oberkategorien wurden in einem Pretest durch Unterkategorien erweitert und in einen Codierbogen eingefügt, der als Arbeitsgrundlage für die Analyse der Schulbücher diente. Dieser ist im Folgenden aus Gründen der Übersichtlichkeit abgebildet:

Buch:				
Analyseeinheit:				Addierter
Kategorien	Codierungen	Summe	Gewichtungsfaktor	Gewichtungsfaktor
Geschichte				
Ereignisse/Epochen				
politisch-historisch				
Wirtschaftlich-historisch				
sozial-historisch				
Personen				
Politik				
Wirtschaft				
Handel				
Wohlfahrtsstaat				
Agrarpolitik				
Verträge				
Institutionen				
Außenpolitik				
Demokratie				
Menschenrechte				
Kultur				
Werte				
Individualismus				
Bildung				
Kapitalismus				
Antisemitismus				
Philosophie				
Religion				
Sprache				
Lebensweise				
Nationalismus				
Abgrenzungen				
USA				
Islam				
Russland/SU				
Türkei				
Summe				

Die erste Spalte der Tabelle zeigt die Ober- und die dazugehörigen Unterkategorien an. In der zweiten Spalte wurde notiert, wenn eine Europäisierung in einer Sinneinheit im Schulbuch zu finden war. Sinneinheit bedeutet, dass nicht jeder Satz, dessen Inhalt eine der Kategorien erfüllte, codiert wurde, sondern die gesamte Textstelle, die sich mit dem jeweiligen Thema auseinander setzte. Ein Satz über den europäischen Kolonialismus wurde somit gleichwertig mit einem ganzseitigen Text über die Andersartigkeit der Türkei im Vergleich zu Europa gewertet. Die dritte Spalte diente zur Addition der gezählten europäisierten Sinneinheiten. In der vierten wurde diese Summe ins Verhältnis zur Seitenanzahl gesetzt. Auf diese Weise konnte ein Vergleich zwischen den verschiedenen Schulbüchern gezogen werden. In der fünften und letzten Spalte wurden diese Gewichtungsfaktoren jeweils addiert, um eine Aussage über die gesamte Oberkategorie treffen zu können. Dadurch ist es möglich, auch Verschiebungen zwischen den Kategorien zu untersuchen. Ob die Identität Europas in stärkerem Maße über die Europäisierung von Kultur erfolgt, kann damit geklärt werden. Trotzdem können aufgrund der Unterkategorien ebenfalls Aussagen über die Bereiche von Geschichte, Politik, Kultur und Abgrenzungen getroffen werden, die besonders stark eine europäische Betonung finden.
Die Unterkategorien sollen mittels Beispielzitate erläutert werden. Dies ist notwendig, um eine eventuelle Überprüfung der Ergebnisse durch einen anderen Codierer zu ermöglichen. In der Literatur werden diese Beispiele auch *Ankerbeispiele* genannt.
Ihre Auflistung und die dazugehörigen Erklärungen sind im Anhang zu finden. Die Ermittlung der Ankerbeispiele und die Erläuterung der Kategorien erfolgten nach dem Pretest, d.h. nach der Codierung der jeweils ersten beiden Geschichts- und Sozialkundebücher.
Diese Bücher wurden am Ende des gesamten Codiervorgangs noch einmal analysiert.

5.1 Europäische Identität im Geschichtsbuch – Datenanalyse I

In diesem Kapitel sollen die Fragen beantwortet werden, (1) ob eine Europäisierung des Lehrinhaltes stattgefunden hat, (2) welche Aspekte bzw. Ereignisse als genuin europäische dargestellt werden und (3) wie sich diese zur nationalen Geschichtsdarstellung verhalten?

Es wurde geprüft werden, inwieweit in den Geschichtsbüchern Identitätskonstruktionen zu finden sind. Dies ließ sich vor allem dadurch ermitteln, ob „Europa entweder einfach als die Reihe der geschichtlichen Entwicklungen der verschiedenen Länder verstanden" wird oder ob „die als bedeutsam angesehnen Konstanten und Konvergenzen", die sich daraus ergeben, dargestellt werden (Leclercq 1995: 6). Letzteres führt schließlich dazu, dass die Entwicklungen in Europa retrospektiv als jene aus einer eigenen Logik heraus folgend dargestellt werden. Die europäische Geschichte ließe aus dieser Perspektive keine andere Entwicklung zu. Diese Art von Geschichtserzählung ist jedoch eine Gefahr, die nicht nur der europäischen Dimension innewohnt.

Wie Westheider bereits feststellte, ist die Darstellung Europas in den Geschichtslehrbüchern themen- und epochenbezogen (Westheider 1995: 28). Es gibt signifikante Häufungen, die im Weiteren beschrieben werden sollen.

Da im diskursanalytischen Teil dieser Untersuchung auf den immer wiederkehrenden Bezug zur Antike eingegangen wurde, soll damit auch im empirischen Teil begonnen werden.

In den analysierten Schulbüchern ist zunächst eine Zunahme von europäischen Bezügen innerhalb des Themenschwerpunktes Antike zu verzeichnen.

Antike

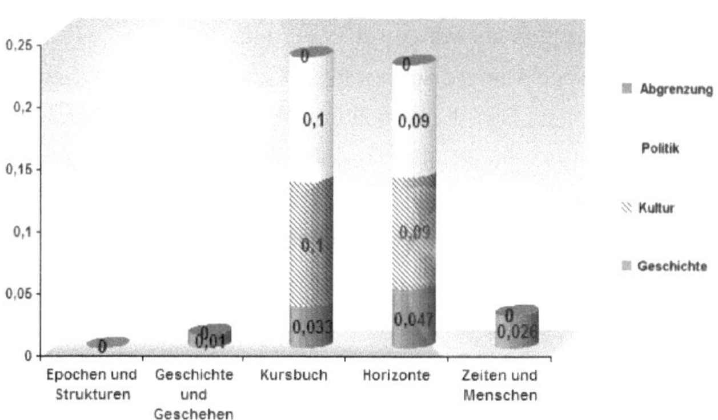

So kann in dem ältesten der analysierten Bücher, *Epochen und Strukturen*, auf 146 Seiten kein einziger europäischer Bezug gefunden werden. Im Schulbuch *Kursbuch Geschichte* aus dem Jahr 2001 dagegen findet sich bereits auf fast jeder vierten Seite ein solcher. Auffällig ist zudem, dass der Zusammenhang zwischen dem Römischen Reich und der heutigen Europäischen Einigung in einem Kapitel mit der gleichen Überschrift thematisiert wird. In diesem geht man auf die im sozialwissenschaftlichen Diskurs aufgeworfenen Vergleiche zwischen Antike und europäischer Integration ein. Kritisch wird dargestellt, dass die Antike nur bedingt als Wurzel für die europäische Einigung bezeichnet werden kann.

Aus der Grafik geht auch hervor, dass der Anstieg der europäischen Bezüge nicht proportional wächst. Die These, wonach die europäischen Bezüge in neueren Schulbüchern auftreten als in älteren, trifft auf die Antike in dieser Weise nicht zu. Interessant ist jedoch die Tatsache, dass die Kategorien Politik und Kultur im *Kursbuch Geschichte* und in *Horizonte*, die beide zu den neueren Geschichtsbüchern gehören und hohe Europäisierungstendenzen aufweisen, sehr stark ausgeprägt sind. Das weist darauf hin, dass in diesen Büchern der sogenannte „lange Bogen“ gezogen wird. Die Antike wird nicht nur als historische Epoche europäisiert, sondern auch Elemente der Kultur und des politischen Systems werden explizit als europäisch bezeichnet. Diese beiden Bücher sind exemplarisch für die Aufnahme von Identitätsangeboten aus dem sozialwissenschaftlichen Diskurs im Bereich der Antike.

Im diskursanalytischen Teil wurde bereits aufgezeigt, dass die Aufklärung und ihre Folgen als genuin europäisch dargestellt wurden. Ob sich dies in den Schulbüchern widerspiegelt, soll an dieser Stelle bewertet werden.
Rolf Westheider hat in seiner Analyse ausgewählter Geschichtsschulbücher aus den 1980er Jahren festgestellt, dass dort die Aufklärung als europäisches Phänomen präsentiert wird (Westheider 1995: 36-38). Die Aufklärung dient dabei als verbindendes Element in Europa, auch wenn die Perspektive auf die einzelnen Nationalstaaten gelegt wird. So wird Galilei in einem Buch aus dem Diesterweg Verlag explizit als italienischer Gelehrter vorgestellt und den westeuropäischen Brillenmachern ihre holländische Herkunft zugewiesen (ebd.: 36).
Die Kategorie Abgrenzung findet sich laut Westheider ebenfalls in den Büchern wieder, wenn auch nur als Einzelfall. Das *Geschichtsbuch* aus dem Verlag Cornelsen hat ein Sonderkapitel aufgenommen mit dem Titel *„Die Europäer und die ‚anderen': Der Mensch erkennt sich selbst"*. Westheider schreibt dazu:

> „Darin wird eine europäische Identität vorausgesetzt, die angesichts der Konfrontation mit den ‚anderen', den ‚Wilden', eine Irritation erfährt. Es kommen Perspektiven in den Blick, die nicht nur in den Augen von Schülern ungewöhnlich erscheinen, so etwa die Entscheidung, ob Indianer Menschen sind." (Westheider 1995: 37).

Europäische Identität wird laut Westheider in den Geschichtsschulbüchern der 1980er Jahren vor allem über die Kategorien Kultur und Gegenidentitäten konstruiert. Die Aufklärung wird dabei aus einer eurozentrischen Perspektive dargestellt, die nicht nur mit Komplexitätsreduzierung zu erklären ist. Einzelne Ereignisse und Personen, die der Kategorie Geschichte zuordenbar sind, bleiben jedoch weiterhin nationalstaatlich.
In den für diese Studie analysierten Schulbüchern wird ebenfalls die Aufklärung durchgängig als europäisches Phänomen postuliert und auch als ein solches benannt. Folgende Sätze können dies exemplarisch belegen:

> „Und dies war vielleicht die wichtigste Erbschaft der europäischen Aufklärung: Sie gab den Menschen die Möglichkeit, der sie umgebenden Wirklichkeit mit Kenntnissen, Urteilskraft und einem moralisch bestimmten Wollen zu begegnen. Nur so war die europäische Zivilisation in der Lage, das Wagnis der Moderne einzugehen." (KB, 91)

Die Aufklärung wird damit als europäisch und weniger als Teil der Geschichte einer bestimmten Nation dargestellt. Auch andere Bewegungen innerhalb der Frühen Neuzeit werden stark europäisiert. Zu nennen sind hier die Renaissance, der Humanismus und die Reformation.

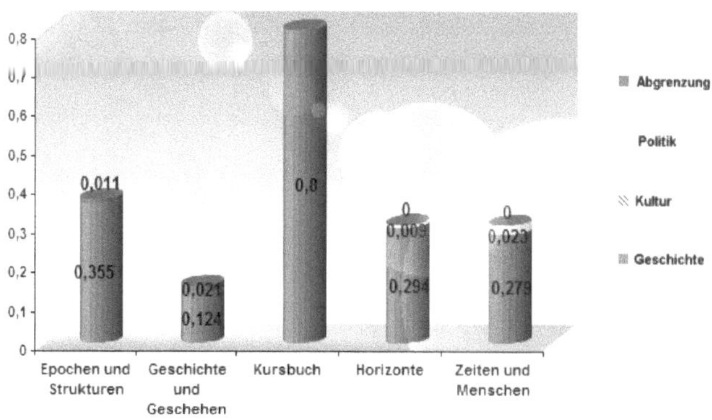

Wie die Abbildung zeigt, sind die europäischen Bezüge im Vergleich zur Antike innerhalb der Frühen Neuzeit generell häufiger. Dies geht aus dem Wert der Ordinate hervor, der bei 0,8 liegt. Im *Kursbuch Geschichte* mit den höchsten Bezügen, ist damit auf fast jeder Seite ein europäischer Bezug zu finden. Es ist folglich davon auszugehen, dass die Ereignisse innerhalb der Frühen Neuzeit stärker als die der Antike als Bezugspunkt für ein europäisches Geschichtsbewusstsein dienen. Doch eine Zunahme der Europäisierungen in Abhängigkeit vom Erscheinungsjahr des Buches ist hier ebenfalls nicht erkennbar. Die These, dass die Europäisierungstendenzen in neueren Büchern ausgeprägter sind als in älteren, ist damit in der untersuchten Stichprobe schon nicht mehr haltbar. Im Vergleich zur Antike sind die europäischen Bezüge in den Kapiteln zur Frühen Neuzeit in den neueren Büchern nicht im gleichen Maße auf die unterschiedlichen Kategorien verteilt. So werden die historischen Prozesse und Ereignisse zwar häufiger als europäisch bezeichnet, aber ein Bezug auf heutige Kultur und Politik ist nicht ersichtlich.

Überraschenderweise wird eine Entwicklung innerhalb der Frühen Neuzeit besonders häufig europäisiert. Es handelt sich um den Kolonialismus, der durch die Ergebnisse dieser Analyse als Teil eines europäischen Kollektivgedächtnisses bezeichnet werden kann. In allen Schulbüchern wird vom *europäischen* Kolonialismus gesprochen. Eine Einzeldarstellung findet sich nur sehr selten. Daher waren es auch die Europäer, die in Amerika auf die Indianer trafen und nicht die Portugiesen oder Spanier. Der Kolonialismus kann bereits als Teil der europäischen Geschichte bezeichnet werden.

Erstaunlich gering sind dagegen die Europäisierungstendenzen für die Kapitel der Schulbücher, die sich mit dem Nationalsozialismus im Besonderen, den faschistischen Strömungen im Allgemeinen und den Entwicklungen während des Zweiten Weltkriegs beschäftigen.

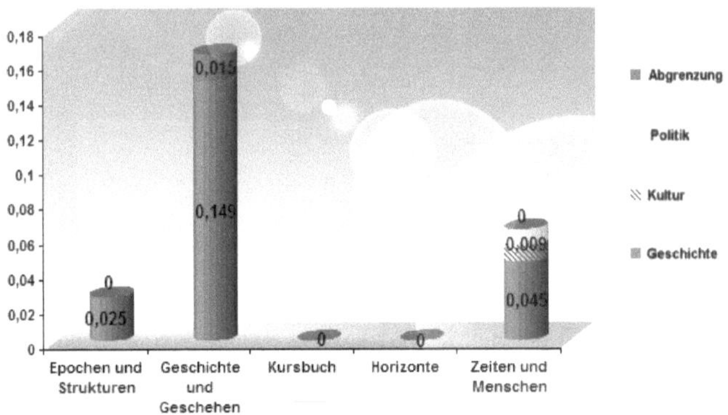

Auffällig ist, dass Europäisierungen in den Überschriften angedeutet, aber nicht in den Texten entfaltet werden. So wird ein Abschnitt in dem Geschichtsbuch *Geschichte und Geschehen* mit der Überschrift „Widerstand in Deutschland und im besetzten Europa" bezeichnet, doch findet eine solche Darstellung gar nicht statt. Die Zeit der faschistischen Strömungen und des Zweiten Weltkrieges gehört somit zu jenen Teilen europäischer Geschichte, die nicht als solche bezeichnet werden. Dies kann verschiedene Ursachen haben: Zum einen würde eine Europäisierung der Darstellung aus einer europäischen Perspektive zu starken Verkürzungen führen. Damit eine Komplexitätsreduzierung nicht zu stark ausfällt, wird sich in den Schulbüchern daher meist auf Italien und besonders auf Deutschland konzentriert. Zum anderen bestätigt die vorliegende Grafik auch die These von Aleida Assmann, wonach ein kollektives Gedächtnis sich meist auf historische Ereignisse und Entwicklungen stützt, „die das positive

Selbstbild stärken und im Einklang mit bestimmten Handlungszielen stehen" (Assmann 2005: 27).

Für die Schulbücher der 1980er Jahre kommt Westheider zu dem überraschenden Ergebnis, dass die Anteile der Darstellung europäischer Nachkriegsgeschichte im Vergleich zu anderen Epochen relativ gering ausfällt (Westheider 1995: 51). Lediglich 9 – 25 Prozent der Seiten gehen auf europäische Themen ein (Westheider 1995: 51). Dabei liegt der Schwerpunkt vor allem auf der institutionellen Integration Westeuropas. Europa wird ähnlich den anderen historischen Ären nicht als Ganzes erfasst und nur historizistisch dargestellt (ebd.: 59).
Zu einem vergleichbaren Resultat führte auch die hier angewendete Inhaltsanalyse. Die europäischen Bezüge sind in den Kapiteln zu Entwicklungen der Nachkriegszeit bis heute zwar viel höher als in den restlichen Kapiteln, doch die Europäisierung verläuft vorwiegend über die Dimension *Politik*. Der Schwerpunkt liegt somit noch immer auf der institutionellen Integration. Die Kapitel, welche sich explizit mit dem Nachkriegsdeutschland auseinandersetzen, wurden nicht untersucht.

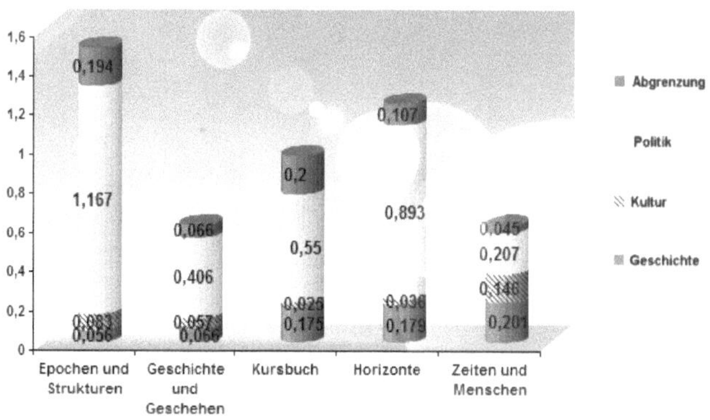

Nicht zu übersehen ist dabei eine Entwicklung, die zu einer stärkeren Betonung der Dimensionen Geschichte und Kultur führen. Die These, dass sich die Kategorien, über welche die europäische Identität konstruiert wird, finden lassen, kann für die Kapitel über die Nachkriegszeit bestätigt werden. Europa ist in neueren Schulbüchern nicht mehr nur eine Ansammlung von Institutionen, welche nach 1945 ins Leben ge-

rufen werden. Die europäische Identität wird nun ähnlich der nationalen über die Dimensionen Politik, Geschichte, Kultur, aber auch Abgrenzung konstruiert.
Da die Kapitel über die Entwicklungen nach 1945 jene mit den meisten europäischen Bezügen sind, soll abschließend geprüft werden, ob diese auch im Vergleich zu den anderen Kapiteln an Bedeutung gewinnen.
In diesem Abschnitt soll deshalb untersucht werden, in welcher Relation sich europäische Geschichte, die auch explizit als solche benannt wird, zur nationalen verhält. Es handelt sich, wie bereits angesprochen, um die so genannte Raumanalyse.
In Anlehnung an Rolf Westheider muss vorweg genommen werden, dass die „methodische Entscheidung darüber, ob ein Thema oder ein Abschnitt europäisch zu nennen ist, [...] stets die Dominanz der europäischen Perspektive voraus[setzt, C.L.]“ (Westheider 1995: 41). Da dies jedoch recht subjektiv ist, wurden ausschließlich die Kapitel, welche sich explizit mit dem Thema der europäischen Integration auseinandersetzen, auf ihre Seitenanzahl hin geprüft.
Es ergibt sich dabei folgendes Bild:

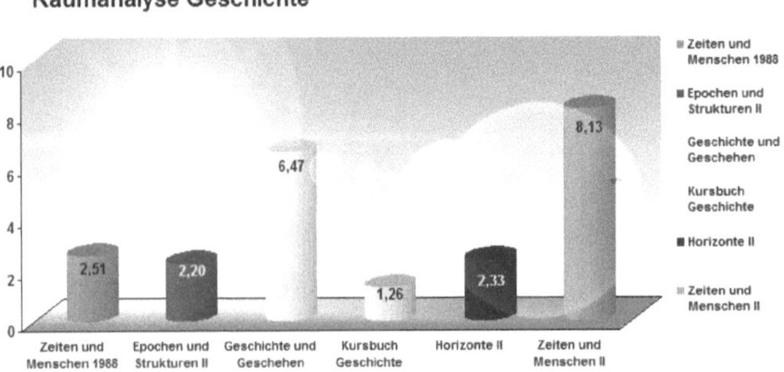

Die Grafik gibt das Verhältnis von Seitenanzahl[31] und Gesamtseitenanzahl des Buches an. Es handelt sich hier im Gegensatz zur Darstellung der europäischen Bezüge um Prozentangaben.
Daraus kann geschlussfolgert werden, dass in dem neuesten Geschichtslehrbuch *Zeiten und Menschen* die relative Seitenanzahl über die europäische Integration im Ver-

[31] Hier geht es nur um die Seitenanzahl der Kapitel, die sich mit der europäischen Integration nach 1945 beschäftigen.

gleich zu den anderen Schulbüchern am größten ist. Zudem ist es auch das Buch, welches die europäische Identität in diesem Kapitel nicht nur durch die Darstellung der Institutionen konstruiert, sondern darüber hinaus durch eine Europäisierung der Geschichte und Kultur. Das ist ein Indiz für eine zunehmende Europäisierung in den Schulbüchern und für die Verschiebung der Dimensionen. Das Buch *Kursbuch Geschichte* kann ebenfalls zu den neueren Ausgaben gezählt werden. Dieses fällt jedoch bei der relativen Seitenzahl vollkommen aus dem Rahmen.

Die Raumanalyse ist daher nur ein weiteres Indiz für die Konstruktion einer europäischen Identität im Schulbuch, allerdings kann die These, nach der neuere Ausgaben stärker auf die Europäisierung eingehen als ältere, auch hier nicht bestätigt werden. Daher wird im nächsten Abschnitt qualitativ auf den Inhalt ausgewählter Schulbücher eingegangen.

5.1.1 Europa im Schulbuch – Ein qualitativer Vergleich

Um die Aussagekraft der quantitativen Analyse zu erhöhen, sollen abschließend vier Schulbücher nach qualitativen Gesichtspunkten untersucht werden. Es handelt sich dabei jedoch nur insoweit um eine strenge qualitative Inhaltsanalyse, als die zu prüfenden Kapitel mit dem gleichen Kategoriensystem bearbeitet werden.

Zunächst werden zwei Bücher verglichen, die in ihren Erscheinungsdaten eine Differenz von 18 Jahren aufweisen. Es handelt sich um Bücher aus der Reihe *Zeiten und Menschen* aus dem Schöningh Verlag. Da es sich um eine Reihe und nicht um ein komplett neues Schulbuch handelt, ist eine bessere Vergleichbarkeit möglich. Trotzdem darf nicht außer Acht gelassen werden, dass beide Bücher von unterschiedlichen Autoren verfasst wurden und konzeptionell differieren.

Die Raumanalyse ergeben, dass die Seitenanzahl des Kapitels über die Europäische Union im Verhältnis zur restlichen Seitenanzahl zugenommen hat. Auf zehn von 399 Seiten wird in *Zeiten und Menschen* aus dem Jahr 1988 die Europäische Einigungsbewegung im gleichnamigen Kapitel dargestellt (ZM 1988: 289-298). In der neuesten Ausgabe von 2006 beträgt der Anteil 8,13%, also mehr als das Dreifache der Ausgabe aus dem Jahr 1988 (2,51%). Die europäischen Bezüge innerhalb der restlichen Kapitel sind dabei allerdings noch nicht mit eingerechnet. Es ist zu vermuten, dass

ein quantitativer Vergleich ebenfalls eine Erhöhung der europäischen Bezüge aufzeigen würde.
Doch nicht nur quantitativ, sondern auch qualitativ sind zahlreiche Veränderungen zwischen den jeweiligen Kapiteln über Europa zu verzeichnen. Im Kapitel „Europa – auf dem Weg zur Einheit in Vielfalt“ aus dem Buch *Zeiten und Menschen* des Jahres 2006 (ZM 2006) wird bereits auf der einleitenden Seite der Anspruch des Abschnittes wiedergegeben:

> „Das folgende Kapitel erläutert die Entstehung und Ausprägung des Europagedankens von der Antike bis zur Gegenwart. Es zeichnet die Etappen des Einigungsprozesses nach 1945 nach, es rekonstruiert Motive und Ziele und stellt diese in historische Tradition. Es fragt weiterführend nach zukünftigen Herausforderungen der Europäischen Union angesichts der Vielfalt der Staaten: Kann es eine Einheit durch Vielfalt geben? Was ist das „Europäische“ an Europa?“ (ZM 2006: 468)

Besonders die historischen Traditionen werden in diesem Kapitel ausführlich vorgestellt. Im Gegensatz zu der älteren Ausgabe von *Zeiten und Menschen* werden der Europagedanke und die Entwicklungen hin zur EU nicht erst ab 1945 aufgezeigt. Die Frage nach den geografischen Grenzen wird genauso aufgeworfen wie jene nach dem Europamythos (ZM 2006: 473). Darüber hinaus findet sich auch ein Bezug auf die Bedeutung der Perserkriege im 5. Jahrhundert:

> „In den Perserkriegen des 5. Jahrhunderts erfuhr der Begriff ‚Europa' eine Erweiterung. In seinen Historien vergleicht Herodot Europa mit Asien. Als 480 v. Chr. Xerxes mit seinem Heer von Asien nach Europa übersetzte, sah Herodot den Gegensatz zwischen Freiheit und kultureller Vielfalt in Europa, Unterdrückung und Knechtschaft in Asien.“ (ZM 2006: 474)

An dieser Stelle schlägt sich somit nieder, was in den Diskursen bezüglich einer europäischen Identität gefordert wird: Die Werte Europas, in diesem Fall explizit ‚Freiheit', und deren Ursprünge werden historisch verankert und in ihrer langen Entwicklung dargestellt. Europa beginnt in diesem Schulbuch nicht erst nach 1945, sondern bereits in der Antike. Aus diesem Kontext scheint alles auf ein Zusammenwachsen der europäischen Nationalstaaten nach dem Zweiten Weltkrieg hinaus zu laufen. Auf drei Seiten finden sich in diesem Buch alle Angebote für ein europäisches Gedächtnis wieder, wie sie im Kapitel über den Diskurs zur europäischen Identität aufgezeigt wurden: Die Antike als europäisches Erbe, die dort entstandene Demokratie (ZM 2006: 475), „das Christentum als eines der Fundamente Europas“ (ZM 2006: 476), die Menschenrechte als europäische Idee und der Nationalismus und Kolonialismus als Etappen einer europäischen Geschichte. Darüber hinaus wird dem Leser explizit erläutert, dass es einen europäischen Weg in die Neuzeit gibt, der sich von anderen Hochkulturen unterscheidet. Dazu gehören, in Anlehnung an den Politikwissenschaftler Werner Weidenfeld: der demokratische Verfassungsstaat, der Nationalstaat, die autonome Wissenschaft sowie das Wirtschaftssystem des Kapitalismus (ZM 2006: 478). Diese Kennzeichen werden als genuin europäische dargestellt und konstruieren damit eine europäische Identität, die nicht nur über die Erläuterungen der Institutionen der EU verläuft.

Ganz anders gestaltet sich dies noch im Schulbuch aus dem Jahr 1988. Unter dem Titel „Die Europäische Einigungsbewegung" wird Europa lediglich als politisches System dargestellt, dessen Ursprünge nicht weiter als bis ins Jahr 1945 zurück reichen. Verbindende Elemente zwischen den Nationalstaaten sind aus Sicht des Lesers lediglich die Institutionen der EG. Dagegen wird die Entwicklung hin zur EU und die Veränderungen der einzelnen Institutionen in *Zeiten und Menschen* 2006 auf gerade einmal sieben von 43 Seiten beschrieben. Der Schwerpunkt hat sich damit eindeutig verlagert. Die Identität wird nicht mehr nur einseitig über das politische System, sondern über eine gemeinsame Geschichte, die die Wurzel für gemeinsame Werte darstellt, konstruiert. Auffallend ist darüber hinaus, dass ganz konkret Bezug zu den im sozialwissenschaftlichen Diskurs aufgeworfenen Problemen genommen wird. So wird, obwohl es sich um ein Geschichtsbuch handelt, die Frage zur europäischen Identität ebenso aufgeworfen wie jene nach den Argumenten für oder gegen einen Beitritt der Türkei zur EU. Beides geschieht auf zusammen elf von 43 Seiten und übersteigt damit die Darstellung der Institutionen der EU. In den Texten zu diesen zwei Themen kommen vor allem Sozial- bzw. Geisteswissenschaftler zu Wort, so dass sich Argumente aus der Diskursanalyse hier wiederfinden. Die Notwendigkeit der europäischen Identität wird ebenso begründet wie im sozialwissenschaftlichen Diskurs: Legitimation und Stabilität des politischen Systems. Identität wird vor allem als Zusammengehörigkeitsgefühl definiert, das zur Unterstützung der Gemeinschaft und des politischen Systems beiträgt. So schreibt Thomas Meyer, der bereits in der Diskursanalyse zitiert wurde:

> „Wir wissen, dass politische Gemeinwesen, deren Bürger nicht ein Zugehörigkeitsbewusstsein verbindet, das keinen anderen Namen kennt als den der Identität, in ihrem Bestand gefährdet sind." (ZM 2006: 503)

Die europäische Identität schätzt Meyer in diesem Auszug aus seinem Buch „Die Identität Europas“ als noch nicht vorhanden, aber eben notwendig.
Als Angebote für diese nennt er die Trennung von Kirche und Staat, die Toleranz der Religionen und Konfessionen und den Schutz der Menschenrechte. Er bezeichnet die europäische Identität deshalb als „politische Kultur des Umgangs mit Kulturen“ (ZM 2006: 504). Damit legt er den Schwerpunkt einer europäischen Identität eindeutig fest. Dieser muss auf politischem und kulturellem Gebiet liegen:

> „Europa braucht keine kulturelle Identität, sondern eine politische, die vor allem anderen die Überzeugung einschließt, dass der Sinn der Einigung nicht zuletzt auch die Schaffung eines Freiraums für kulturelle Differenz besteht, die es jedem erlaubt, nach seiner eigenen Fasson selig zu werden, solange dies das gleiche Recht aller anderen einschließt.“ (ZM 2006: 505)

Wie im Abschnitt zur europäischen Identität, so wird auch ein Textauszug von Thomas Meyer im Abschnitt zur Frage des Türkei-Beitritts abgedruckt, in welchem er sich positiv zu einem möglichen Beitritt äußert. Stellvertretend für die Contra-Argumente ist ein Text von Hans-Ulrich Wehler zu finden, der, wie bereits im Abschnitt zur Diskursanalyse zu lesen war, ein Gegner des Türkei-Beitritts ist. Auch in diesem Text führt er verschiedene Argumente an, die gegen eine Türkei in der EU sprechen. Vor allem die Türkei als muslimisches Land hat für ihn in der christlich geprägten EU keinen Platz.
Im Gegensatz zu dieser ausführlichen Darstellung des Diskurses über eine europäische Identität, beschränkt sich das Problem eines mangelnden europäischen Bewusstseins im Schulbuch aus dem Jahr 1988 auf die staatliche Ebene:

> „Die Bereitschaft der einzelnen Staaten, nationale Interessen und Standpunkte einer europäischen Überzeugung zu opfern, ist kaum ausgeprägt. Ein europäisches Bewußtsein als aktiver politischer Gestaltungswille wird mit zunehmendem Abstand vom Zweiten Weltkrieg und zur kritischen Phase des Kalten Krieges immer schwächer.“ (ZM 1988: 297)

Ein nicht zu unterschätzendes Indiz für eine Europäisierung des kollektiven Geschichtsbildes ist auch die Zunahme an Büchern, die explizit über Europas Geschichte informieren oder in denen die Geschichte aus europäischer Perspektive geschildert wird. Meist handelt es sich um thematisch eingegrenzte Bücher, so genannte Kurshefte. Lediglich aus dem Klett-Verlag ist das *Europäische(s) Geschichtsbuch* erschienen, welches sich selbst als Überblickswerk versteht.

Diese Zusatzhefte systematisch zu analysieren, würde den zeitlichen Rahmen dieser Studie sprengen. Zudem brächte es keine Erkenntnisse über den Grad der europäischen Bezüge in Abhängigkeit vom Erscheinungsjahr, da die Kurshefte erst in den letzten Jahren herausgegeben wurden und die zeitliche Differenz daher zu gering ist. Eine Untersuchung dieser Bücher würde jedoch Aufschluss darüber geben, welche Kategorien besondere Betonung erfahren und mit welchen sprachlichen Mitteln dies geschieht.

Um die Validität dieser Untersuchung noch zu erhöhen bzw. mögliche Schwachstellen der Analyse kenntlich zu machen, werden im Folgenden zwei Abschnitte der Bücher *Histoire/Geschichte. Europa und die Welt seit 1945* und *Europa im 20. Jahrhundert. Die europäische Einigungsbewegung und das Europa der Menschen- und Bürgerrechte* aus den Verlagen Klett und Cornelsen inhaltlich verglichen. Die textliche Grundlage bilden die Kapitel, welche den europäischen Integrationsprozess nach 1985 bis heute umfassen.

Im Buch *Europa im 20. Jahrhundert* aus dem Cornelsen-Verlag wird in drei Kapiteln auf 62 Seiten diese Zeit behandelt und die damaligen Entwicklungen erörtert (E, 131-193). Dasselbe geschieht auf 21 Seiten im Geschichtsbuch *Histoire/Geschichte* (H/G, 144 -165).

Neben den obligatorischen Darstellungen der Institutionen wird in beiden Büchern auch die Wirtschaftspolitik der EU thematisiert. Besonders interessant für die Suche nach Identitätsangeboten, die in die Kategorien Geschichte, Kultur und Abgrenzung fallen, sind die Abschnitte, in denen der Beitritt der Türkei in die EU diskutiert wird. Wie in Schulbüchern üblich, werden Debatten über ein Thema durch den Rückgriff auf Quellen dargestellt. So finden sich in beiden Büchern Passagen aus der *Zeit* und in der *Süddeutschen Zeitung*. Im Schulbuch des Cornelsen-Verlages kommt der oft zitierte Hans-Ulrich Wehler als Gegner eines Türkei-Beitritts zu Wort, die „jüdisch-griechisch-römische Antike, die protestantische Reformation und die Renaissance, die Aufklärung und die Wissenschaftsrevolution“ werden in Abgrenzung zur Türkei und anderen nicht-europäischen Länder als genuin europäisch dargestellt (E, 151). Zudem ist auch vom Kollektivgedächtnis der europäischen Völker und der Türkei die Rede, in denen besonders die kriegerischen Auseinandersetzungen beider verhaftet sein sollen. Europa wird damit als Kollektiv dargestellt, welches eine gemeinsame Vergangenheit und ein gemeinsames Gedächtnis besitzt. Darüber hinaus findet der muslimische Glaube der meisten türkischen Bewohner, der zudem als vom Fundamentalismus bedroht bezeichnet wird, eine große Betonung. Die Religion fungiert an

dieser Stelle als Abgrenzungsmechanismus und identitätsstiftendes Moment in Europa. So gestaltet es sich auch im Geschichtsbuch aus dem Klett Verlag. Auffällig ist, dass in diesem Buch, welches nach dem Beschluss des Europäischen Parlaments zu Beitrittsverhandlungen mit der Türkei erschien, auf starke Contra-Meinungen in dieser Debatte kein Bezug mehr genommen wird. Lediglich wird erwähnt, dass ein Teil der EU-Mitgliedsstaaten der Aufnahme der Türkei auf Grund des Wirtschaftspotenzials und der muslimischen Tradition kritisch gegenübersteht (H/ G, 150). Darüber hinaus ist ein Interviewabschnitt mit der Bundeskanzlerin Angela Merkel abgedruckt, die wie Wehler betont, dass „der Islam die Aufklärung nicht erlebt hat" (G/H, 151). Dies wiederum erzeugt unterschiedliche Auffassungen über „Ehe, über die Rolle der Frau, die Rolle des Individuums"(H/G 151). Es wird damit ausgesagt, dass über diese Elemente innerhalb Europas zumindest sehr ähnliche Vorstellungen herrschen. Dies kann wiederum als Konstruktion einer europäischen Identität bezeichnet werden.
Darüber hinaus wird der Leser nun auch darauf vorbereitet, dass die Identität der Türkei europäisch ist:

> „Die Türkei handelt und reagiert aufgrund ihrer Geschichte, ihrer Geographie und ihres Wertesystems europäisch. Sie ist nach einem drei Jahrhunderte währenden Anpassungsprozess den europäischen Werten verhaftet." (H/G, 150)

Somit wird auch hier in Bezug auf die Türkei eine europäische Identität konstruiert, nur dass die Türkei als kompatible mit dieser bzw. sogar als Teil dieser beschrieben wird. Die Werte der EU verlangen sogar danach, dass die Türkei auf Grund ihrer Kultur nicht ausgeschlossen werden darf:

> „Durch die Einbeziehung der Türkei als Mitglied wird die Union die Glaubwürdigkeit eben jener Werte geltend machen, auf denen sie beruht, wie etwa der ethnischen Toleranz, der Achtung der Religionen und Kulturen." (H/ G, 150)

Die Werte Europas und die Geschichte Europas, beide Dimensionen einer europäischen Identität, werden somit in diesen Abschnitten besonders oft und vielseitig betont.
Auch in den weiteren Beiträgen spielen die Werte und die Geschichte Europas eine entscheidende Rolle. So wird beispielsweise die Besonderheit des politischen Systems der EU, die im sozialwissenschaftlichen Diskurs erörtert wurde, betont. Die rein

informative Darstellung des Integrationsprozesses und der Aufgaben der Institutionen geht nun in eine Wertung über. Diese fällt sehr positiv aus:

> „Die EU ist nicht minder ein Modell für eine sehr gelungene Regionalintegration: Sie ist weltweit das einzige Bespiel für eine tatsächliche Wirtschafts- und Währungsunion. Die deutsch-französische Aussöhnung, der Teilverzicht auf die nationale Souveränität und die allmähliche Erweiterung auf neue Länder machen sie ebenso zu einem politischen Modell. Und sie ist nicht zuletzt auch ein soziales Modell, da sie für einen gemäßigten Liberalismus eintritt, der indessen Gegenstand interner Auseinandersetzungen ist." (H/ G, 160)

Identität wird in diesem Zitat bereits auf zwei Wegen konstruiert. Zu einem durch die Darstellung dessen, was Europa ist. Zum anderen aber auch durch die explizite Betonung, dass es sich dabei um ‚gelungene' Entwicklungen handelt.

Ein ähnlicher Mechanismus findet sich auch bei der Beschreibung des Europäischen Gerichtshofes in dem Buch *Europa im 20. Jahrhundert* wieder. Die abstrakte Darstellung der europäischen Institutionen, wie sie in älteren Schulbüchern zu finden ist, wird abgelöst durch Beschreibungen, die die Bedeutung auch für das Individuum, also den Leser, herausstellen. Explizit wird erwähnt, dass der Europäische Gerichtshof die Aufgabe besitzt, „jeder Bürgerin und jedem Bürger innerhalb seines Geltungsgebietes einen umfassenden Rechtsschutz gegen Willkür und Missbrauch öffentlicher Gewalt zu garantieren"(E, 175). Die letzte Instanz ist demnach nicht mehr das jeweilig höchste Gericht des Mitgliedsstaates, sondern der Europäische Gerichtshof. Seine große Bedeutung wird nicht nur durch die Beschreibung seiner Befugnisse deutlich, sondern durch in die Einbettung einer langen Tradition, die nicht erst nach 1945 begann. Gemeint ist die Entwicklung der Menschen- und Bürgerrechte, deren Ausgangspunkt das „Bild vom Menschen als einem selbstbestimmten Individuum" (E, 155) ist. Wie genuin europäisch diese Menschenrechte sind, wird durch die Aussage deutlich gemacht, dass sie „ihren Ursprung nicht in Afrika, Asien oder Altamerika, sondern in Europa haben." (E, 155). Damit findet die Konstruktion der europäischen Identität auf eine Weise statt, die so nicht in älteren Schulbüchern anzutreffen ist. Eine Institution wird in eine lange Tradition eingebettet und ihre Bedeutung für den einzelnen europäischen Bürger dargestellt. Auffällig ist, dass die Textpassagen auch in einem französischen oder tschechischen Schulbuch stehen könnten. Es geht einzig um den EU-Bürger. Die Aufgaben des Europäischen Gerichtshofes sind somit nicht nur für den deutschen Staatsbürger relevant, sondern für alle Europäer. Damit wird implizit das politische System samt seiner Institutionen als verbindendes Element zwischen allen Europäern beschrieben.

Kommen wir zu einem weiteren Thema, das in älteren Schulbüchern nicht zu finden ist. Es handelt sich um die Frage nach der europäischen Gesellschaft, die in Verbindung mit dem Identitätsproblem aufgeworfen wird. Die europäische Identität wird in den Büchern *Europa im 20. Jahrhundert* und *Histoire/ Geschichte* als Teil der eigenen Identität und als Gefühl der Zusammengehörigkeit betrachtet (E, 180; H/ G, 164). Kollektive Identität ist somit ein individueller Bewusstseinszustand, der auch auf diese Weise gemessen werden kann. Was sich jedoch hinter dem Begriff verbirgt, wird nicht nur unscharf, sondern auch widersprüchlich angegeben. Die Angleichung von Mentalitäten (E, 180) wird darunter genauso subsumiert wie das „Gefühl der Europäer […], Teil eines gemeinsamen Projektes zu sein" (H/ G, 164). Es ist damit Ursache und Wirkung zugleich. Das bedeutet, es kann nicht mehr differenziert beantwortet werden, ob die Angleichung von Lebensweisen und Mentalitäten zu dem Gefühl führen ein Europäer zu sein, oder ob das Gefühl der Zusammengehörigkeit die Ursache für die Assimilation ist.

5.1.2 Europa in den Geschichtsbüchern – Zwischenfazit

Anhand der folgenden Abbildung soll verdeutlicht werden, wie sich die europäischen Bezüge insgesamt auf die verschiedenen Schulbücher verteilen.

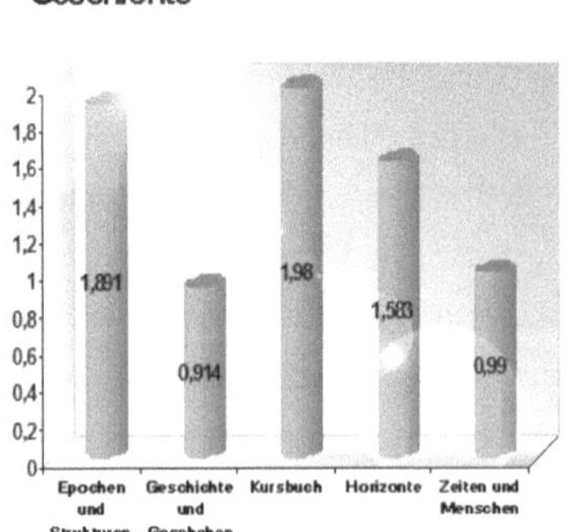

Die Schulbücher sind so angeordnet, dass das rechts stehende Buch das aktuellste ist. Es wird deutlich, dass es keinen direkten Zusammenhang zwischen dem Erscheinungsjahr und der Anzahl der europäischen Bezüge gibt.[32]
Allerdings können durchaus Tendenzen hin zu einer Europäisierung des Geschichtsbildes und der Konstruktion einer europäischen Identität ausgemacht werden, wenn der Blick auf die einzelnen Dimensionen gelegt wird.

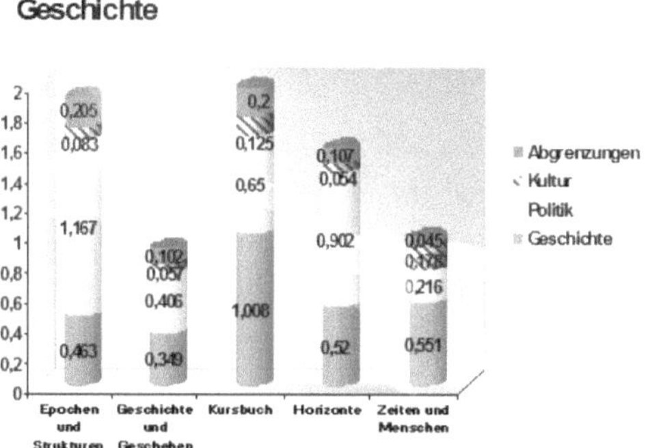

In den drei neueren Geschichtsbüchern ab 2000 finden sich in jedem analysierten Zeitabschnitt mehr europäische Bezüge in den Dimensionen Geschichte und Kultur als in den beiden älteren Werken. Daraus kann abgeleitet werden, dass dem Leser nicht nur die politischen Institutionen als europäisch präsentiert werden. Es wird eine politische, aber auch eine kulturelle und historische Identität konstruiert. Die Tatsache, dass diese noch nicht sehr ausgeprägt ist, bestätigt ein Blick auf die Ordinaten-Achsen der jeweiligen Diagramme. Die Werte schwanken zwischen 0,25 und 1,6. Das heißt, in der Antike sind europäische Bezüge höchstens auf jeder vierten Seite zu finden, in der Nachkriegszeit sind es nicht einmal zwei pro Seite. Da es sich um Bezüge handelt, die auch nur aus einer Wortgruppe bestehen können, ist dies als äußerst minimal zu bezeichnen. Die These, dass die Konstruktion einer europäischen Identität in den hier analysierten Geschichtsschulbüchern noch nicht stattfindet, kann somit bestätigt werden. Doch ist eine Verschiebung zwischen den Dimensionen ersichtlich,

[32] Zu einem ähnlichen Ergebnis kommt Alexandra Natterer in ihrer Studie über die Darstellung der europäischen Einigung in baden-württembergischen Schulbüchern der Sekundarstufe I. Danach ist „ ein Anstieg des quantitativen Raums von Büchern jüngeren Erscheinungsdatums [...] nicht als feste Regel aufstellbar“ (Natterer 2001: 107).

die auch die vierte Hypothese bestätigen lässt. Europa wird in Schulbüchern weniger eindimensional dargestellt, und dies kann als Indiz für den Konstruktionsmechanismus einer Identität geltend gemacht werden.

Da Schulbücher generell unterschiedliche Konzepte[33] als Ausgangsbasis haben, muss dies bei der Interpretation der Ergebnisse beachtet werden. So führt das Auszählen der Seitenanzahl der Kapitel über die europäische Integration nur in Kopplung mit anderen Methoden zu validen Aussagen. Dies kann am Bespiel des *Kursbuch Geschichte* verdeutlicht werden. Mit lediglich 1,3 % nahm das Kapitel zur Entwicklung Europas nach 1945 einen verschwind kleinen Teil ein. Dagegen sind die europäischen Bezüge insgesamt im *Kursbuch Geschichte* mit 1,98 pro Seite am größten. Daraus lässt sich äußerst interessanter Hinweis ableiten. Das Buch integriert das Thema Europa in allen Darstellungen und stellt es nicht in einem gesonderten Kapitel dar. Damit wird es für den Leser viel weniger abstrakt. Die historischen Entwicklungen werden dadurch kontinuierlich europäisiert und nicht erst ab 1945.

Dagegen findet sich Letzteres nach Auswertung der quantitativen Ergebnisse im aktuellsten aller untersuchten Schulbücher, in *Zeiten und Menschen*. Die europäischen Bezüge sind insgesamt viel geringer als im ältesten Buch, *Epochen und Strukturen*. Im Kapitel über Europa nach 1945 werden dessen lange Geschichte und deren Bedeutung für das heutige Denken im Allgemeinen und das politische Denken im Besonderen dargestellt, am deutlichsten in *Zeiten und Menschen*. Dies wird zum einen an der Verteilung der europäischen Bezüge auf die verschiedenen Dimensionen ersichtlich, zum anderen durch den inhaltlichen Vergleich mit einer älteren Ausgabe des Buches. Pointiert kann formuliert werden, dass die Antike in *Zeiten und Menschen* zwar nicht europäisiert, ihre Bedeutung für Europa am Ende aber sehr wohl herausgestellt wird. Europa erhält damit auf einem anderen Weg als in dem *Kursbuch Geschichte* eine eigene Geschichte, die für die heutige europäische Integration von Bedeutung ist.

Zusammenfassend kann argumentiert werden, dass eine europäische Identität, wie sie mit der nationalen vergleichbar wäre, in den analysierten Büchern *noch* nicht konstruiert wird. Sie nähert sich dieser in den neueren Schulbüchern aber durchaus an.

Im Gegensatz zu den drei neueren Geschichtsbüchern *Kursbuch Geschichte*, *Horizonte* und *Zeiten und Menschen*, finden sich in den älteren Publikationen zwar eben-

[33] Schulbücher unterliegen natürlich auch den Lehrplänen der Kultusministerien. Da die Auswahl sich auf das Land Sachsen-Anhalt beschränkt, kann die Differenz der Inhalte hier aber nicht durch den Bezug auf die Lehrpläne erklärt werden.

falls vergleichbar häufig europäische Bezüge, aber die Qualität ändert sich. In den neueren Büchern wird Europa von Beginn an in eine lange Tradition gestellt, die auch heute noch Bedeutung hat, oder die lange Tradition wird in einem Kapitel über Europa dargestellt. Beide Strategien finden sich in den älteren Werken nicht. Dort werden historische Verläufe und Ereignisse als europäisch bezeichnet, ihre Wirkungen für das heutige Europa in Form von Bezügen innerhalb der Kategorien Kultur und Politik werden aber nicht herausgestellt.

5.2 Europäische Identität im Sozialkundebuch – Datenanalyse II

Ähnlich der Analyse von Geschichtslehrbüchern verläuft auch die für das Fach Sozialkunde. Sozialkundebücher umfassen inhaltlich ein breites Spektrum. Sie können sich eher an politischen, an wirtschaftlichen oder an gesellschaftlichen Themen orientieren. Einerseits stehen Institutionen im Vordergrund, anderseits wird der Fokus auf Werte und Normen gelegt. Wie diese dargestellt werden, als europäisch oder nationalstaatlich, muss auch hier die untersuchungsleitende Frage sein.
Anders als im Kapitel über die Geschichtsschulbücher, die in ihren Erscheinungsdaten eine größere Differenz aufweisen, ist an dieser Stelle eine Gliederung sinnvoll, die mit den Kategorien identisch ist. Es soll daher mit den Ergebnissen zur Europäisierung von Geschichte in den Sozialkundebüchern begonnen werden.
Anhand der vorliegenden Grafik wird zunächst deutlich, dass die Anteile europäischer Bezüge in den analysierten Schulbüchern ähnlich hoch sind.

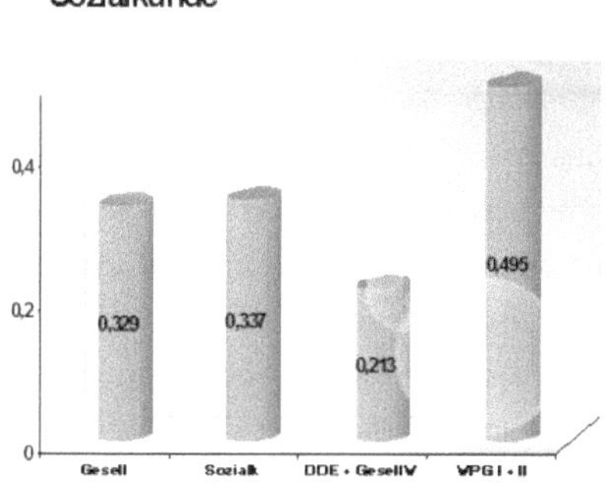

Zur grafischen Darstellung wurden die Bände I und II von *Wirtschaft, Politik, Gesellschaft* und die Bücher *Demokratie in Deutschland und Europa* und *Gesellschaft im Wandel* aus der Reihe Sozialwissenschaftliche Studien für die Sekundarstufe II jeweils zusammengefasst. Dies ist sinnvoll, da die Bücher nur zusammen als Überblickswerk fungieren und einzeln jeweils unterschiedliche Schwerpunkte setzen. Insgesamt wird deutlich, dass europäische Bezüge in den analysierten Büchern auf jeder dritten bis auf jeder zweiten Seite zu finden sind. Die Ordinate gibt in dieser Grafik wieder den höchsten ermittelten Wert an, der in diesem Fall bei 0,5 liegt.
Da es sich dabei nur um einen Satz oder eine Satzgruppe handeln kann, fällt dies doch recht gering aus, und von einer Europäisierung der Lehrinhalte kann nicht gesprochen werden.
Noch deutlicher wird dies, wenn man untersucht, durch welche Dimension besonders häufig ein Bild von Europa gezeichnet wird.

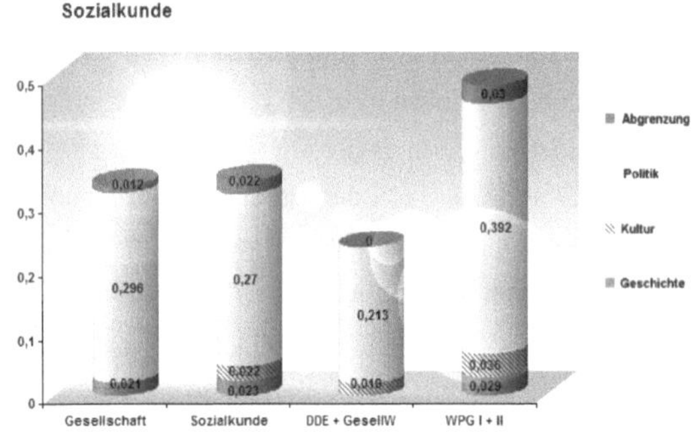

Die Grafik zeigt vergleichend an, in welchen Kategorien besonders häufig Bezug auf Europa genommen wird. Dabei wird ersichtlich, dass in allen Büchern die Dimension *Politik* einen überproportional großen Teil der europäischen Bezüge ausmacht.
Damit wird das Ergebnis der Analyse deutscher Politiklehrbücher aus den 1980er Jahren von Peter Fritzsche bestätigt, der zu dem Ergebnis kommt, dass die Behandlung der europäischen Institutionen und Organisationen vorbildlich verläuft: „Bildung über Europa ist Institutionenkunde." (Fritzsche 1995: 85).
Dagegen finden sich in den anderen Kategorien nur wenige Verweise auf Europa. Textpassagen, die auf eine genuin europäische Kultur schließen lassen, finden sich in den Sozialkundebücher so gut wie gar nicht. Das Buch *Gesellschaft im Wandel*, das

durch seinen Titel den höchsten Grad an europäischen Bezügen in der Kategorie Kultur erwarten ließ, bietet dem Leser auf 215 Seiten gerade einmal vier europäische Bezüge. Diese präsentieren sich zudem ausschließlich in Form von Abbildungen. Man erfährt, dass Europa insgesamt ein demographisches Problem hinsichtlich sinkender Geburtenraten und längerer Lebenserwartungen hat (GesellW, 156). Darüber hinaus wird auch die Unterpräsenz der Frauen in den höchsten Entscheidungsgremien europäischer Unternehmen dargestellt (GesellW, 181). Derartige Formen europäischer Bezüge sind ansonsten in der Kategorie Kultur nur spärlich gesät.
Bei der Auswertung muss natürlich beachtet werden, dass einige Bücher ihren Fokus auf theoretische Erläuterungen setzen, bei denen auch keine nationalen Bezüge zu finden sind. Da es sich jedoch um Schulbücher handelt, werden Theorien meist durch empirische Beispiele veranschaulicht. Bezug auf Europa wird jedoch nur selten genommen. Wie gering die europäischen Bezüge in der Kategorie Kultur sind, wird zudem deutlich, wenn man diese mit jenen aus der Kategorie Geschichte vergleicht.
Die Grafik veranschaulicht, dass die kulturellen Bezüge ähnlich niedrig ausfallen wie die historischen. Das mag zunächst nicht verwundern, doch hält man sich vor Augen, dass es sich um Sozialkunde- und nicht um Geschichtslehrbücher handelt, so ist dies recht aussagekräftig. Angaben über genuin europäische Werte, Normen, Lebensweisen, Religion, Sprache oder Philosophie finden sich nahezu gar nicht.
Damit die Ergebnisse der quantitativen Untersuchung von Sozialkundebüchern ebenfalls als valide gelten können, soll auch zu diesen die Resultate der Raumanalyse hinzugefügt werden:

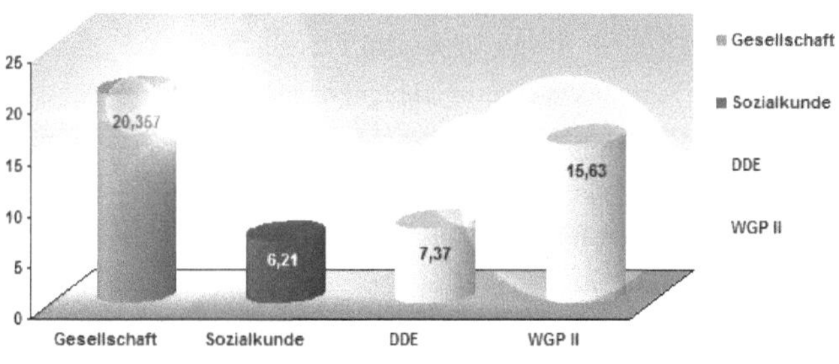

Die Grafik zeigt an, wie hoch der relative Seitenanteil des Kapitels über Europa im Vergleich zur Gesamtseitenanzahl ist. Dabei wird deutlich, dass auch hier zwischen dem ältesten Buch, *Gesellschaft verstehen und handeln* (Gesell), und dem neuesten Buch, *Wirtschaft – Gesellschaft – Politik* (WGP), kein proportionaler Anstieg der relativen Seitenanzahl verzeichnet werden kann. Erstaunlich ist das Ergebnis für das Buch *Demokratie in Deutschland und Europa* (DDE). Die im Titel des Buches suggerierte Parität erweist sich als trügerisch, denn auch hier beträgt der Anteil der Seiten des Kapitels über Europa gerade einmal 7,37%. Um die Zahlen ein weiteres Mal zu bestätigen, wurden zusätzlich zwei Bücher der Klassenstufe 8 aus dem Westermann-Verlag unter diesem Aspekt betrachtet. Es handelt sich dabei um das Buch *Politik – Wirtschaft – Gesellschaft* (PWG), welches 1993 erschien und 2003 erneut aufgelegt wurde. Dieses Buch wurde ausgewählt, da in diesem Verlag keines für die gymnasiale Oberstufe erschienen ist. Interessant ist der Vergleich zwischen den beiden Büchern, da die Neuauflage thematische Veränderungen aufweist. So wurde ein Kapitel zum PC und dessen Umgang im Abschnitt über Medien hinzugefügt. Dadurch hat sich die Seitenanzahl insgesamt erhöht. Das Kapitel über Europa dagegen blieb inhaltlich und gemessen am Umfang unverändert.
Vergleicht man diese Ergebnisse mit denen von Peter Fritzsche, der zehn Bücher analysierte, die zwischen 1986 und 1992 von acht verschiedenen Autoren erschienen sind, dann fällt eine Bestätigung seines Fazits schwer. Fritzsche schreibt zum einen:

> „Ein Trend, der sich abzeichnet ist, daß der für Europa zur Verfügung gestellte Raum bei wachsender Gesamtseitenanzahl des Schulbuchs nicht nur absolut, sondern auch prozentual wächst.“ (Fritzsche 1995: 83).

Dem kann in Anbetracht der hier vorliegenden Ergebnisse nicht zugestimmt werden. Doch Fritzsche schreibt darüber hinaus in seinem Fazit, dass „von den untersuchten Materialien kein großer Stimulus zur Europafähigkeit aus[geht]“ (Fritzsche 1995: 93). Er begründet dies mit der Fokussierung auf die deutsche und die Vernachlässigung der Perspektiven anderer europäischer Länder. Dieses Ergebnis liefert auch die Analyse der für die Studie ausgewählten Sozialkundebücher. Dabei muss jedoch betont werden, dass Europa hier nicht als Konglomerat der verschiedenen europäischen Staaten betrachtet wurde. Deshalb war es nicht sinnvoll zu prüfen, wie oft die Perspektiven der anderen europäischen Länder in die Darstellungen aufgenommen wurden. Die Präsentation von Lebensweisen in Spanien oder Dänemark führt danach zwar zu einem größeren Wissen über europäische Länder und eventuell zu mehr Akzeptanz, jedoch nicht zu einer europäischen Identität. Erst das Herausstellen der Gemeinsamkeiten in Europa und deren Spezifika in Bezug auf alle Nicht-Europäer würde als Konstruktion einer europäischen Identität gelten.

5.3 Fehlerquellen – Reliabilität, Validität und Replizierbarkeit

Die Aussage von Berelson, wonach die Inhaltsanalyse eine Erhebungstechnik „für die objektive, systematische und quantitative Beschreibung manifesten Inhalts von Kommunikation“ (Berelson 1952: 18, zit. nach Mayring 2003: 11) darstellt, bezeichnet bereits Philipp Mayring als veraltet (Mayring 2003: 11). Die Beschreibung der quantitativen Inhaltsanalyse als objektiver im Vergleich zur qualitativen, kann nach der Erhebung der vorliegenden Daten so nicht geltend gemacht werden.

Um die Fehlerquellen, die auch bei der quantitativen Inhaltsanalyse auftreten können, für eventuelle Anschlussanalysen gering zu halten, soll in diesem Kapitel kurz darauf eingegangen werden.

Generell ist festzustellen, dass sich die Methode der Inhaltsanalyse nur in Ausnahmefällen für Untersuchungen der hier vorliegenden Größenordnung anbietet, sofern diese den Anspruch hegen, repräsentative Daten zu produzieren. Dabei spielt es zunächst keine Rolle, ob es sich um eine quantitative oder qualitative Analyse handelt. Die Begründung findet sich darin, dass das Ausgangsmaterial durch die Bearbeitung von nur einer Person subjektiv interpretiert und damit verzerrt wird. Dieser Fehler kann auch bei einer quantitativen Analyse nicht ausgeschlossen werden. Zu Recht weist Werner Früh daraufhin, dass Codierungen immer durch unterschiedliche Personen durchzuführen sind, denn „jeder Codierer hat trotz intensiven Trainings immer noch tendenziell einen bestimmten ‚Codierstil‘, so dass subjektive Idiosynkrasien sich in seinen Codierresultaten unkontrolliert niederschlagen“ (Früh 2004: 186). Um diesen Fehler zu vermeiden, wurden für diese Studie zusätzliche Personen gebeten, nicht eindeutige Textstellen zu codieren. Die unterschiedlichen Codierungen und deren Begründungen wurden anschließend diskutiert. Damit wurde die so genannte Intercoder-Reliabilität sichergestellt (Esser 2005: 54). Dieses Verfahren ist bei größeren Untersuchungen für alle Texte zu empfehlen, so dass die Codierer letztlich im Rotationsverfahren arbeiten (Früh 2004: 187).

Darüber hinaus ist zu beachten, dass sich bei den Codierern Lernvorgänge einstellen (ebd.: 187). Das heißt, gleiche Textstellen werden nach einiger Zeit unterschiedlich codiert. Zur Geringhaltung dieses Fehlers wurden jene Bücher, die zuerst analysiert wurden, am Ende zusätzlich ein weiteres Mal codiert. Da die Ergebnisse übereinstimmten, konnte neben der Intercoder-Reliabiltät auch die Intracoder-Reliabiltät sichergestellt werden (Mayring 2003: 46)

Trotz zahlreicher Versuche, die Fehlerquellen so gering wie möglich zu halten, war dies nicht immer möglich, und so können nur weitere Untersuchungen mit der gleichen Methode Fehler reduzieren.

Es muss an dieser Stelle auch noch einmal explizit darauf hingewiesen werden, dass die quantitative Inhaltsanalyse an einigen Stellen an ihre Grenzen gerät. Diese sind genereller Natur und nicht nur in dieser Untersuchung als Problem aufgetreten.

Philipp Mayring weist darauf hin, dass die Mehrdeutigkeit von Begriffen eine Schwierigkeit beim Auszählen von Begriffen oder Sinneinheiten darstellt (Mayring 2003: 14). Wie bereits erläutert, kann der Begriff Europa in einem bestimmten Kontext auf eine europäische Identität hinweisen, in einem anderen jedoch nicht. Um die Auszählung letzterer zu vermeiden, wurde eine ausgiebige Erklärung der Kategorien an den Anfang der Inhaltsanalyse gestellt. Ein Problem jedoch, welches auch in dieser Studie nicht vermieden werden konnte, ist die Nicht-Erfassung von Extensionsbestimmungen durch den Kontext (ebd.: 14). Ob es sich um einen positiven Bezug auf Europa handelt oder um einen negativen, kann durch die Erfassung der Textstelle „der europäische Kolonialismus" nicht geklärt werden. Dies ist nur durch eine qualitative Inhaltsanalyse möglich, die hier lediglich im Ansatz angewandt wurde.

Das Hinweisen auf diese Fehlerquellen soll nicht dazu führen, die Methode der quantitativen Inhaltsanalyse ad acta zu legen. Im Gegenteil, sie hat sich als hilfreich erwiesen, um mit der großen Textmenge systematisch umgehen zu können.[34] Durch die Größe der Studie, war jedoch eine intersubjektive Datenerhebung nur schwer möglich. Damit soll das Problem der Validität angesprochen werden. Konnte mit dem hier vorliegenden Messinstrument tatsächlich das gemessen werden, was die Forschungsfrage verlangte? Diese suchte nach dem Vorhandensein von Identitätsangeboten des sozialwissenschaftlichen Diskurses in Schulbüchern. Es wurde deshalb davon ausgegangen, dass eine europäische Identität, ähnlich der nationalen, über die Dimensionen Geschichte, Politik, Kultur und Abgrenzungen konstruiert wird. In der Datenanalyse sollte daraufhin geprüft werden, ob die genannten Kategorien als europäisch bezeich-

[34] Es empfiehlt sich in größeren Studien die Schulbuchinhalte zu digitalisieren und diese mittels spezieller Programme wie *MaxQDA* oder *Atlas.ti* zu codieren.

net werden. Die hier vorliegenden Daten können in diesem Sinne als valide bezeichnet werden,

da sie angeben, welche Entitäten als europäisch bezeichnet werden und wie oft dies geschieht. Ob man eine europäische Identität tatsächlich auf diese Weise messen kann, muss in weiteren Analysen getestet werden. Die vorliegenden Daten sind jedoch nach Früh in dem Moment valide, in dem die Autorin „eine plausible Beziehung zwischen den codierten Daten und der Forschungsfrage“ (Früh 2004: 184) hergestellt hat. Man bezeichnet dies auch als *face-validity*.

6. Resümee

Diese Studie hat geprüft, ob sich Deutungsangebote für eine europäische Identität aus dem sozialwissenschaftlichem Diskurs in Schulbüchern finden lassen. Die Zusammenfassung dazu soll zunächst die Ergebnisse wiedergeben und mit den Hypothesen vergleichen. Darüber hinaus werden die theoretischen Vorannahmen in die Schlussfolgerungen aufgenommen. Dadurch erklärt sich wiederholt die Struktur dieser Untersuchung.

Eine Analyse der sozialwissenschaftlichen Beiträge zum Thema europäische Identität hat ergeben, dass eine solche vor allem mit dem Verweis auf Legitimationsprobleme gefordert wird. Die Identität Europas ist danach die Voraussetzung für die Identifikation der Bürger mit dem politischen System. Dies wiederum ermöglicht eine Zustimmung, die weniger von dem tagespolitischen Geschehen abhängig ist, und das Projekt der europäischen Integration auf festen Boden stellt. Darüber hinaus wird die europäische Identität im Zusammenhang mit einem diagnostizierten Öffentlichkeitsdefizit genannt.[35] Dazu gibt es zwei Argumentationsstränge, die sich verkürzt wie folgt darstellen: Im ersten wird eine europäische Identität als Grundlage für einen gemeinsamen Kommunikationsraum genannt. Damit die Bürger Interesse an Europa im Allgemeinen und der EU im Spezifischen zeigen, muss ihnen ein Objekt präsentiert werden, mit dem sie sich identifizieren können. Im zweiten Argumentationsstrang wird der Ursache-Wirkungs-Mechanismus gewendet. Die kollektive Identität stellt nun nicht mehr die Ursache für eine erhöhte Kommunikationsbereitschaft dar, sondern ist das Ergebnis dessen. Die europäische Identität wäre demnach das Resultat einer europäischen Kommunikationsgemeinschaft. Dieser letzten These, die in Kapitel 4.1 ausführlicher dargelegt wurde, muss hier widersprochen werden. So zeigen die angeführten empirischen Untersuchungen, dass es keinen diskursiven Austausch über

[35] Die fehlende europäische Öffentlichkeit wird auch im Zusammenhang mit der Debatte um einen europäischen Demos und eine europäische Verfassung genannt: „Dagegen hat das vor allem in der Sprachenvielfalt begründete Fehlen eines europäisierten Kommunikationssystems zur Folge, daß es auf längere Sicht weder eine europäische Öffentlichkeit noch einen europäischen politischen Diskurs geben wird. [...] Europäische Entscheidungsprozesse stehen infolgedessen nicht in derselben Weise unter Publikumsbeobachtung wie nationale." (Grimm 2001: 247) Das hätte nach Dieter Grimm zur Folge, dass das Parlament keine intermediären Strukturen vorfindet. Von ‚Volk' auf europäischer Ebene kann demzufolge nicht gesprochen werden. Dies wiederum kann die Unmöglichkeit einer Verfassung, die sich bekanntlich ein Volk gibt, auf europäischer Ebene erklären (Grimm 2001: 248)

europäische Themen gibt, der über die nationalen Grenzen hinaus reicht.[36] Trotzdem wird in der gleichen Diskursarena auf nationaler Ebene eine europäische Identität konstruiert, auch wenn diese noch nicht in das Bewusstsein des breiten Publikums eingedrungen ist. Das heißt, die kommunikative Erreichbarkeit kann nicht als Triebfeder der Identitätsbildung bezeichnet werden.

Ob umgekehrt eine europäische Identität dazu führt, dass sich die kommunikativen Akte über europäische Belange erhöhen, kann bis dato nicht beantwortet werden. Es kann allerdings vermutet werden, dass sich das Interesse an Europa steigert, wenn die nächsten Generationen mit dem Bewusstsein sozialisiert werden, was Europa ist, welche Relevanz die EU für die nationale Politik und das alltägliche Leben besitzt und welche Werte in Europa bestehen, die Teil der eigenen sind. Damit allerdings wird nicht behauptet, dass ein europäischer Kommunikationsraum im Entstehen begriffen ist.

Die erste Hypothese, mit welcher davon ausgegangen wurde, dass ***die Begründungen für die Forderung nach einer europäischen Identität im sozialwissenschaftlichen Diskurs vergleichbar mit denen auf der nationalen Ebene sind,*** kann damit bestätigt werden.

Der Diskurs über die europäische Identität strukturiert sich dahingehend, dass in einigen Beiträgen noch immer die Problematik einer solchen erörtert wird, in anderen, vor allem neueren Texten, der Schritt schon übergangen ist und konkrete Angebote für die europäische Identität zu finden sind. Im Anschluss an theoretische Vorannahmen über nationale Identität wurde überprüft, ob diese im Diskurs über die europäische Identität mit Inhalt gefüllt werden. Auffallend war dabei, dass auch in Beiträgen, die eine kulturelle Identität auf europäischer Ebene für bedeutungslos halten und die Besonderheit der EU in der starken politischen Identität sehen, eine kulturelle Identität mitkonstruiert wurde. Als Beispiel kann Thomas Meyer angeführt werden, der sich explizit gegen die Betonung einer kulturellen Identität in Europa wendet, gleichzeitig jedoch schreibt:

---

[36] Eine weitere empirische Studie zu diesem Thema findet sich bei Carnevale, Ihrig und Weiß. Die Autoren haben die Pressebeiträge zur Diskussion um den Beitritt der Türkei zur EU im Jahr 2002 für jeweils zwei nationale Zeitungen aus Deutschland, Frankreich, Großbritannien und Italien analysiert und kommen dabei zu dem Ergebnis, „dass es sich eigentlich um vier sehr verschiedene Diskussionen handelt, da der Blick auf die Türkei, auf ihren Beitrittsgesuch und schließlich auf die Vorstellung von Europa sehr stark durch die nationalen Deutungsmuster geprägt sind." (Carnevale/ Ihrig/ Weiß 2005: 109)

„Die europäische Aufklärung ist nicht die Aufklärung, die nur unter Europäern vollbracht wurde und in ihrer vollen Konsequenz dann auch vollzogen werden kann." (Meyer 2004: 227)

Trotz seiner Annahme, dass politische Identität keine kulturelle voraussetzt (Meyer 2004: 52), schreibt Meyer von der *europäischen* Aufklärung. Die Identitätsformen überlappen sich, ohne dass dies bewusst gewollt wurde. Dies ist typisch für die analysierten Texte. Daher kann auch die zweite Hypothese, welche davon ausging, ***dass die Konstruktion der europäischen Identität über die gleichen Dimensionen wie die der nationalen Identität erfolgt,*** als bestätigt gelten. Dabei darf nicht vergessen werden, dass die Suche nach der europäischen Identität vor nicht einmal vierzig Jahren begonnen und erst in den letzten Jahren einen gewissen Höhepunkt erreicht hat. Das bedeutet: wir befinden uns mitten in der Konstruktionsphase, die vergleichbar mit den ersten Jahrzehnten des 19. Jahrhunderts, des Jahrhunderts der Nationalstaatenbildung, ist. Ein gemeinsames europäisches Geschichtsbild ist noch nicht vorhanden, wird sich aller Voraussicht nach in den nächsten Jahrzehnten jedoch etablieren. Einen Hinweis darauf ergab die Analyse von deutschen Geschichts- und Sozialkundebüchern.

Diese bestätigte zwar die dritte Hypothese, dass ***die Konstruktion einer europäischen Identität im Schulbuch noch nicht stattfindet,*** konnte jedoch Veränderungen des Lehrinhaltes feststellen, die auf eine Zunahme von Identitätsangeboten hinweist. Bis dato kann nichtsdestotrotz von einer Vermittlung der Identitätsangebote aus dem sozialwissenschaftlichen Diskurs durch Schulbücher nur eingeschränkt gesprochen werden. Alle Angebote, die im Diskurs zu finden waren, fanden sich auch in den Schulbüchern. Die Auszählung ergab jedoch, dass sie nur in geringer Anzahl im Material vorhanden waren. Der Anteil europäischer Bezüge im Schulbuch, das heißt die Darstellung und Bezeichnung von Entitäten als europäisch, ist zu gering, um von einer echten europäischen Identität sprechen zu können.

Aufschlussreich war die Inhaltsanalyse dahingehend, dass ***die Dimensionen der nationalen Identität, welche europäisiert werden, sich in ihrem Schwerpunkt verlagern.*** Die Vermittlung, dass Europa vor allem ein Institutionengefüge ist, reduziert sich in den neuesten Schulbüchern. Die Organe der EU werden zunehmend in eine lange Geschichte eingebettet. Dies geschieht auf zwei unterschiedlichen Wegen: Zum einen wird der Teil, der sich explizit mit Europa im Sinne der EU beschäftigt, kleiner, gleichzeitig nehmen aber die europäischen Bezüge in den anderen Kapiteln zu. Zum anderen bleiben die europäischen Bezüge über die Kapitel verteilt gleichwertig gering, aber der Anteil der Seiten über Europa nach 1945 wird größer und in einen Zusammenhang gebracht, der bis in die Antike zurückreicht. Dies unterscheidet die neueren Schulbücher von den älteren.

Überraschend waren die Analyseergebnisse der Schulbuchinhalte dahingehend, dass die Geschichtsbücher weitaus mehr europäische Bezüge aufweisen als die Sozialkundebücher. Es ist somit vor allem das Geschichtsbild, welches europäisiert wird. Zu einem ähnlichen Ergebnis kommt auch Eugen Kotte bei seiner Analyse: „Die Analyse der Curricula und der Schulgeschichtsbücher zeigt, dass die Verstärkung einer europäischen Dimension des Geschichtsunterrichtes durchaus verfolgt wird.“ (Kotte 2007: 456). Eine gemeinsame politische Kultur, die geteilte Betroffenheit durch Entscheidungen seitens der EU und die Lebensweisen in Europa werden in den Sozialkundebüchern nicht dargestellt. Zudem fehlt in den Schulbüchern jegliche Multiperspektivität, die als Ersatz für eine europäische Identität dienen könnte. Das heißt, die verschiedenen Lebensweisen, die unterschiedlichen nationalen Geschichtsbilder und die Einbindung von Richtlinien der EU in die nationalen Gesetze werden nicht dargestellt. Dies wiederum könnte die Grundlage für gemeinsame Kommunikation, also einer vereinten Öffentlichkeit bilden.

Diskurse beeinflussen Akteure. Eine Diskursanalyse muss, um als solche gelten zu können, die Anschlussfähigkeit der Diskurse und ihre Resonanz, also ihre Wirkung hin prüfen. Der Identitätsdiskurs, bezogen auf Europa, zeigt Wirkung. Im Jahr 1973 wurde das „Dokument über die europäische Identität“ verfasst. Im Jahr 1990 novellierte die Kultusministerkonferenz der Bundesrepublik Deutschland ihren Beschluss „Europa im Unterricht“ (Kotte 2007: 111). Die Schule soll danach „dazu beitragen, daß in der heranwachsenden Generation ein Bewußtsein europäischer Zusammengehörigkeit entsteht“ (zit. nach Kotte 2007: 112). In den Schulbüchern, die nach dem Jahr 2000 herausgegeben wurden, schlagen sich Identitätsangebote aus dem sozialwissenschaftlichen Diskurs nieder. Zudem wird das Thema der Identitätssuche explizit behandelt. Der Diskurs erzeugt damit Resonanz.

Er erzeugt diese jedoch nicht nur dahingehend, dass er Anknüpfungspunkte in anderen Diskursarenen findet, sondern bewusstseinsformierend auf die nächsten Generationen wirkt. Ist davon auszugehen, dass Schüler in einigen Jahren mit einem neuen Geschichtsbild bezüglich Europa aufwachsen werden, nehmen die Identitätsangebote in den Schulbüchern zu und erhöht sich die Europäisierung geschichtlicher Ereignisse, dann hat dies auch Auswirkung auf die Identifikation der Individuen mit Europa und mit der EU.

Damit soll auf die Struktur der vorliegenden Studie retrospektiv eingegangen werden. Den Beginn stellte die Auseinandersetzung mit personaler Identität dar. Von der theoretischen Prämisse, dass Identität nicht allein vom Individuum her gedacht werden kann, wurde die Vermittlung gesellschaftlicher Anforderungen mit persönlichen Bedürfnissen als ein Aspekt der Identitätsbildung beim Individuum dargestellt. Das Erlernen eines kollektiven Geschichtsbildes wirkt sich damit unabdingbar auf die personale Identität aus. Das Individuum ist Merkmalsträger der Zugehörigkeit zu Kollektiven und Systemen (Wodak 1998: 58). Kollektive Identität beeinflusst dadurch auch das Handeln der Individuen. Nationale Identität, die wiederum eine Besonderheit der kollektiven Identität darstellt, ist wie nachkommend aufgezeigt wurde, mit Machtbestrebungen verbunden. Indem sie die Ideale der Nation an den Jugendlichen heranträgt, reproduziert sie gesellschaftliche Ordnung. Die Schule als staatliche Instanz ist somit auch der verlängerte Arm der Politik (Kotte 2007: 112). Identitätspolitik muss daher immer kritisch betrachtet werden. Staatliche Vorgaben hinsichtlich der Schulbuchinhalte, sowie jegliche Art von Kulturpolitik, sind Teil von Identitätspolitik. Die Kritik richtet sich vor allem dahingehend, dass kollektive Identität „Individuen zu kollektivorientierten Handlungen [veranlassen kann, C.L.], nämlich zu solchen, die dem Kollektiv nützen“ (Berg 2001: 13).

Die Inhalte von Schulbüchern ergeben im Zusammenhang mit Diskursanalysen Aufschluss darüber, was als vermittelnswert gilt und weshalb. Die Thematisierung europäischer Identität stellt dabei lediglich ein hervorstechendes Merkmal dar. Es ist daher auch nicht sinnvoll zwischen Identitäten bzw. Identitätspolitik im normativen Sinn zu unterscheiden. Die Differenzierung zwischen einer kollektiven sozialen Identität mit notwendigen oder berechtigten politischen Bedingungen und einer fundamentalistischen Identitätspolitik (Meyer 2000: 9) kann als nicht folgerichtig bezeichnet werden. Genauso verhält es sich mit der Formulierung der offenen Identität (Meyer 2004: 227). Eine Identität ist immer geschlossen, da sich das Kollektiv von dem ‚Anderen' distanziert. Damit birgt Identitätspolitik prinzipiell Gefahren. Sie zeigt die Besonderheiten des eigenen Kollektivs auf und wertet diese meist positiv. Somit ist jeder kollektiven Identität, „die Tendenz zum Fundamentalismus und zur Gewalt inhärent.“ (Niethammer 2000: 625). Diese grundsätzliche Gefahr darf durch positive Verweise nicht aus dem Auge verloren werden.

Die Studie soll mit einem Zitat und dessen Erläuterung enden:

> „Politische Bildung in ‚Sachen' Europa ist nicht nur Bildung über, sondern auch Bildung für Europa. Es geht nicht nur um Information und Aufklärung über Fakten und Prozesse, sondern auch um die Herstellung von Akzeptanz und von Kompetenz, es geht um Europafähigkeit." (Fritzsche 1995: 93)

Diese Aussage von Peter Fritzsche bietet einen guten Anhaltspunkt für eine letzte Zusammenfassung. Da besonders die Geschichtsbücher und nicht die Sozialkundebücher über Europäisierungstendenzen verfügen, kann von einer Europafähigkeit, im Sinne von Kenntnissen über das politische System der EU und der politischen Systeme in Europa, nicht gesprochen werden. Es handelt sich bei den Schulbuchinhalten mehr um die Herstellung von Akzeptanz und weniger um die von Kompetenz. Die Analyse von weiteren und neueren Schulbüchern scheint sinnvoll, um den Prozess der Konstruktion einer europäischen Identität empirisch überprüfen zu können. Die hier aufgezeigten *Tendenzen* müssen bis dato als solche bezeichnet werden. Die Beobachtung ihrer Entwicklungen ist sehr aufschlussreich. Dabei ist die Analyse von Schulbuchinhalten nur ein kleiner Teilaspekt, der in größeren Studien mit anderen gekoppelt werden könnte. Als Beispiel kann hier die Untersuchung zur Geschichtsschreibung genannt werden. Indizien für die Europäisierung der Geschichtsschreibung finden sich bereits, doch eine strukturierte Untersuchung fehlt bis zum jetzigen Zeitpunkt.

7. Literaturverzeichnis

Abels, Heinz, Einführung in die Soziologie. Die Individuen der Gesellschaft, Bd.2, Wiesbaden 2001

Abels, Heinz, Identität. Über die Entstehung des Gedankens, dass der Mensch ein Individuum ist, den nicht zu leicht zu verwirklichenden Anspruch auf Individualität und die Tatsache, dass Identität in Zeiten der Individualisierung von der Hand in den Mund lebt., Wiesbaden 2006

Anderson, Benedict, Die Erfindung der Nation. Zur Karriere eines folgenreichen Konzepts, Frankfurt/Main 2005

Angermüller, Johannes, *Sozialwissenschaftliche Diskursanalyse in Deutschland. Zwischen Rekonstruktion und Dekonstruktion*, in: Keller/ Hirseland/ Schneider/ Viehöfer, Die diskursive Konstruktion von Wirklichkeit. Zum Verhältnis von Wissenssoziologie und Diskursforschung, Konstanz 2005, S. 23-48

Assmann, Aleida, Nation, Gedächtnis, Identität – Europa als Erinnerungsgemeinschaft?, in: Donig/Meyer/Winkler, Europäische Identitäten – Eine europäische Identität?, Baden-Baden 2005, S. 24- 31

Beck, Ulrich, *„Kosmopolitisches Europa. Die Europäische Union jenseits von Staatenbund und Bundesstaat"*, in: Alfred Herrhausen Gesellschaft für internationalen Dialog (Hrsg.), Europa leidenschaftlich gesucht, München 2003, S. 250-267

Berg, Wolfgang, Identitätspolitik – Europäische Identität und Landesbewusstsein in Sachsen-Anhalt, Aachen 2001

Bührmann, Andrea D., *Chancen und Risiken angewandter Diskursforschung*, in: Keller/ Hirseland/ Schneider/ Viehöfer, Die diskursive Konstruktion von Wirklichkeit. Zum Verhältnis von Wissenssoziologie und Diskursforschung, Konstanz 2005, S. 229-250

Bruter, Michael, Citizen of Europe? The emergence of a Mass European Identity, 2005

Carnevale, Roberta/ Ihrig, Stefan/ Weiß, Christian, Europa am Bosporus (er-) finden? Die Diskussionen um den Beitritt der Türkei zur Europäischen Union in den britischen, deutschen, französischen und italienischen Zeitungen. Eine Presseanalyse, Frankfurt/ Main 2005

Cerutti,Furio, *Gibt es eine politische Identität der Europäer?*, in: Donig/Meyer/Winkler, Europäische Identitäten – Eine europäische Identität?, Baden-Baden 2005, S. 128- 151

Dahrendorf, Ralf, *„Alltags-Europa, Sonntags-Europa – Wer schließt die Kluft?"*, in: Alfred Herrhausen Gesellschaft für internationalen Dialog (Hrsg.), Europa leidenschaftlich gesucht, München 2003, S. 239-249

Diekmann, Andres, Empirische Sozialforschung. Grundlagen, Methoden, Anwendungen, Hamburg 2004

Diner, Dan, Feindbild Amerika. Über die Beständigkeit eines Ressentiments, München 2003

Donati, Paolo R., *Die Rahmenanalyse politischer Diskurse*, in: Keller/ Hirseland/ Schneider/Viehöver (Hrsg.), Handbuch Sozialwissenschaftliche Diskursanalyse 1, Wiesbaden 2006, S. 147 -177

Donig, Simon, *Europäische Identitäten – Eine Identität für Europa?*, in: Donig/Meyer/Winkler, Europäische Identitäten – Eine europäische Identität?, Baden-Baden 2005, S. 14-23

Easton, David, A systems analysis of political life, Chicago 1965

Eder, Klaus, *Zur Transformation nationalstaatlicher Öffentlichkeit in Europa. Von der Sprachgemeinschaft zur issuespezifischen Kommunikationsgemeinschaft*, in: Berliner Journal für Soziologie, Heft 10, 2000, S. 167 - 184

Eder, Klaus, *„Europäische Öffentlichkeit und multiple Identitäten - das Ende des Volksbegriffs?"*, in: Europäische Öffentlichkeit, Baden-Baden 2004, S. 61-80

Eickelpasch, Rolf/ Rademacher, Claudia, Identität, Bielefeld 2004

Emcke, Carolin, Kollektive Identitäten. Sozialphilosophische Grundlagen, Frankfurt/Main 2000

Erikson, Erik E.H., Identität und Lebenszyklus, Frankfurt/Main 1966

Esser, Sebastian, Europas Suche nach einer gemeinsamen Öffentlichkeit. Eine Inhaltsanalyse über eine EU-Verfassung in europäischen Tageszeitungen, Marburg 2005

Fehl, Caroline, Europäische Identitätsbildung in Abgrenzung von den USA? Eine Untersuchung des deutschen und britischen Mediendiskurses über das transatlantische Verhältnis, Münster 2005

Fiedler, Susanne, Zur Bearbeitung von Vergangenheit. Der Konflikt in deutschen Geschichtslehrbüchern, Frankfurt/ Main 2002

Frey, Hans-Peter/ Haußer, Karl, *Entwicklungslinien sozialwissenschaftlicher Identitätsforschung*, in: Frey/ Haußer (Hrsg.), Identität. Entwicklungen psychologischer und soziologischer Forschung Stuttgart 1987

Fritzsche, Peter K., *Europa in deutschen Politiklehrbüchern*, in: Pingel, Falk (Hrsg.), Macht Europa Schule? Die Darstellung Europas in Schulbüchern der Europäischen Gemeinschaft, Frankfurt/Main 1995, S. 81-94)

Früh, Werner, Inhaltsanalyse. Theorie und Praxis, Konstanz 2004

Gehrke, Hans-Joachim, *Die Antike in der europäischen Tradition und in der modernen Geschichtswissenschaft*, in: Donig/Meyer/Winkler, Europäische Identitäten – Eine europäische Identität?, Baden-Baden 2005, S. 33-51

Gerhards, Jürgen, *Politische Öffentlichkeit. Ein system- und akteurstheoretischer Bestimmungsversuch,* in: Neidhardt, Friedhelm (Hrsg.), Öffentlichkeit, öffentliche Meinung, soziale Bewegungen. Sonderheft 34 der Kölner Zeitschrift für Soziologie und Sozialpsychologie, Opladen 1994, S. 77- 105

Gerhards, Jürgen, *Europäisierung von Ökonomie und Politik und die Trägheit der Entstehung einer europäischen Öffentlichkeit,* In: Bach, Maurizio (Hrsg.), Die Europäisierung nationaler Gesellschaften. Sonderheft 40 der Kölner Zeitschrift für Soziologie und Sozialpsychologie, Opladen 2000, S. 277-305

Gerhards, Jürgen, *„Kulturelle Überdehnung?" – Kulturelle Unterschiede zwischen der EU und der Türkei,* in: Frech, Siegfried/ Öcal, Mehmet, Europa und die Türkei, Schwalbach 2006, S. 119 – 138

Grimm, Dieter, Die Verfassung und die Politik. Einsprüche in Störfällen, München 2001

Habermas, Jürgen, *Können Gesellschaften eine vernünftige Identität ausbilden?* Rede aus Anlaß der Verleihung des Hegel-Preises, in: Habermas, Jürgen/ Henrich, Dieter: Zwei Reden, Frankfurt/Main 1974, S. 23 -75

Habermas, Jürgen, *Ist die Herausbildung einer europäischen Identität nötig, und ist sie möglich?*, in: Der gespaltene Westen, Frankfurt/Main 2004, S. 68-82

Hall, Stuart, *Introduction: Who needs ‚identity'?*, in: Hall, Stuart/ du Gay, Paul (Hrsg.), Questions of Cultural Identity, London 1996, S. 1-17

Haunss, Sebastian, Identität in Bewegung. Prozesse kollektiver Identität bei den Autonomen und in der Schwulenbewegung, Wiesebaden 2004

Hobsbawn, Eric J., Nationen und Nationalismus. Mythos und Realität seit 1780, Frankfurt/ Main 1991

Höhne, Thomas, Schulbuchwissen. Umrisse einer Wissens- und Medientheorie des Schulbuches, Frankfurt/ Main 2003

Huntington, Samuel P., Kampf der Kulturen. Die Neugestaltung der Weltpolitik im 21. Jahrhundert, München 1998

Jachtenfuchs, Markus, Die Konstruktion Europas. Verfassung Ideen und institutionelle Entwicklung, Baden-Baden 2002

Jäger, Siegfried, *Diskurs und Wissen. Theoretische und methodische Aspekte einer Kritischen Diskurs- und Dispositivanalyse*, in: Keller/ Hirseland/ Schneider/ Viehöver (Hrsg.), Handbuch Sozialwissenschaftliche Diskursanalyse 1, Wiesbaden 2006, S. 83- 114

Joas, Hans, *Die kulturellen Werte Europas. Eine Einleitung*, in: Joas, Hans/ Wiegandt, Klaus, Die kulturellen Werte Europas, Frankfurt/ Main 2005

Johnston, Hank, *A Methodology for Frame Analysis: From Discourse to Cognitive Shemata*, in: Social Movements and Culture, London 1995, S. 217-246

Jungwirth, Ingrid, Zum Identitätsdiskurs in den Sozialwissenschaften. Eine postkoloniale und queer informierte Kritik an George H. Mead, Erik H. Erikson und Erving Goffmann, Bielefeld 2007

Kaltenstadler, Wilhelm, Griechisch-römische Antike oder jüdisches Christentum – Wem verdanken wir die europäische Zivilisation?, Hamburg 2005

Kerchner, Brigitte/ Schneider, Silke, *„'Endlich Ordnung in der Werkzeugkiste'. Zum Potenzial der Foucaultschen Diskursanalyse für die Politikwissenschaft – Einleitung*, in: Kerchner, Brigitte/ Schneider, Silke (Hrsg.), Foucault: Diskursanalyse der Politik. Eine Einführung, Wiesbaden 2006, S. 9 - 30

Kielsmannegg, Peter Graf, *Integration und Demokratie*, in: Jachtenfuchs, Markus/Kohler-Koch, Beate (Hrsg.), Europäische Integration, Opladen 2003, S. 49-83

Klessmann, Christoph, Zur Methodik vergleichender Schulbuchanalyse, in: IJbGG, Bd. XVII, Braunschweig 1976

Krappmann, Lothar, Soziologische Dimensionen der Identität. Strukturelle Bedingungen für die Teilnahme an Interaktionsprozessen, Stuttgart 1969

Kocka, Jürgen, *Europäische Identität als Befund, Entwurf und Handlungsgrundlage*, in: Nida-Rümelin, Julian/ Weidenfeld, Werner, Europäische Identität: Voraussetzungen und Strategien, Baden-Baden 2007, S. 47 – 59

Kotte, Eugen, „In Räume geschriebene Zeiten". Nationale Europabilder im Geschichtsunterricht der Sekundarstufe II, Idstein 2007

Kreckel, Reinhard, Soziale Integration und nationale Identität, in: Berliner Journal für Soziologie 4, 1994, S. 13- 20

Lamnek, Siegfried, Qualitative Sozialforschung, Basel 2005

Lauf, Edmund/ Peter, Jochen, *EU-Repräsentanten in Fernsehnachrichten. Eine Analyse ihrer Präsenz in 13 EU-Mitgliedsstaaten vor der Europawahl 1999*, in: Hagen, Lutz M. (Hrsg.), Europäische Union und mediale Öffentlichkeit. Theoretische Perspektiven und empirische Befunde zur Rolle der Medien im europäischen Einigungsprozess, Köln 2004, S. 162- 177

Lepsius, Rainer M, Prozesse der europäischen Identifikationsstiftung, in: Aus Politik und Zeitgeschichte, B 38/ 2004, S. 3- 5

Leclercq, Jean-Michel, *Die europäische Dimension im Geschichtsunterricht und in der staatsbürgerlichen Erziehung*, in: Pingel, Falk (Hrsg.), Macht Europa Schule? Die Darstellung Europas in Schulbüchern der Europäischen Gemeinschaft, Frankfurt/Main 1995, S. 1-14

Markovits, Andrei S., Amerika, dich hasst sich`s besser. Antiamerikanismus und Antisemitismus in Europa, Hamburg 2004

Mayring, Philipp, Qualitative Inhaltsanalyse. Grundlagen und Techniken, Weinheim 2003

Meinecke, Friedrich, Weltbürgertum und Nationalstaat: Studien zur Genesis des deutschen Nationalstaates, München 1908

Merten, Klaus, Inhaltsanalyse. Einführung in Theorie, Methode und Praxis, Opladen 1995

Meyer, Thomas, Identitätspolitik. Vom Missbrauch kultureller Unterschiede, Frankfurt/ Main 2002

Meyer, Thomas, Die Identität Europas. Der EU eine Seele?, Frankfurt/ Main 2004

Meyers, Peter, *Methoden zur Analyse historisch-polirischer Schulbücher*, in: Ernst Horst, Schallenberger (Hrsg.), Studien zur Methodenproblematik wissenschaftlicher Schulbucharbeit, Kastellaun 1976, S. 47-73

Moller, Sabine, Die Entkonkretisierung der NS-Herrschaft in der Ära-Kohl. Die Neue Wache, das Denkmal für die ermordeten Juden Europas, das Haus der Geschichte der Bundesrepublik Deutschland, Hannover1998

Mordt, Gabriele, Politische Mobilisierung und die Identifikation von Interesse. Das Beispiel der Lega Nord, in: Identität und Interesse. Der Diskurs der Identitätsforschung, Opladen 1999, S. 159- 179

Müller, Hans-Peter, *Europäischer Kapitalismus?*, in: Hettlage, Robert/ Müller, Hans-Peter, Die europäische Gesellschaft, Konstanz 2006, S. 249 - 269

Münch, Richard, Das Projekt Europa. Zwischen Nationalstaat, regionaler Autonomie und Weltgesellschaft, Frankfurt/ Main 1993

Natterer, Alexandra, Europa im Schulbuch. Die Darstellung der europäischen Einigung in baden-württembergischen Schulbüchern für Geschichte und Gemeinschaftskunde der Sekundarstufe I, Grevenbroich 2001

Nida-Rümelin, Julian, *Europäische Identität? – Das normative Fundament des europäischen Einigungsprozesses*, in: Nida-Rümelin, Julian/ Weidenfeld, Werner (Hrsg.), Europäische Identität: Voraussetzungen und Strategien, Baden-Baden 2007, S. 29-46

Niedermayer, Oskar, *Europäisches Parlament und Öffentliche Meinung*, in: Niedermayer, Oskar/ Schmitt, Hermann (Hrsg.) Wahlen und Europäische Einigung, Opladen 1994, S. 29 - 44

Niedermayer, Oskar, *Europa als Randthema: Der Wahlkampf und die Wahlkampfstrategien der Parteien*, in: Niedermayer, Oskar/ Schmitt, Hermann (Hrsg.), Europawahl, Wiesbaden 2005, S. 39 – 75

Niethammer, Lutz, Kollektive Identität. Heimliche Quellen einer unheimlichen Konjunktur, Hamburg 2000, S. 27 - 45

Nissen, Sylke, Europäische Identität und die Zukunft Europas, in: Aus Politik und Zeitgeschichte B 38, 2004, S. 21-29

Paasche, Silke, Europa und die Türkei. Die Konstruktion europäischer Identität in deutschen und französischen Parlamentsdebatten, Saarbrücken 2007

Petri, Rolf, *Europa? Ein Zitatensystem*, in: Comparativ 14, 2004, S. 15 -49

Quenzel, Gudrun, Konstruktionen von Europa. Die europäische Identität und die Kulturpolitik der Europäischen Union, Bielefeld 2005

Reese-Schäfer, Walter, Einleitung: Identität und Interesse, in: Identität und Interesse. Der Diskurs der Identitätsforschung, Opladen 1999, S. 7- 43

Reichertz, Jo, *„Objektive Hermeneutik“*, in: Flick/Kardorff/Keupp/Wolff (Hrsg.), Handbuch qualitative Sozialforschung, Weinheim 1995, S. 223-228

Renan, Ernest, *Qu'est-ce qu'un nation? Paris 1882*, in : Vogt, Hannah (Hrsg.), Nationalismus gestern und heute, Opladen 1967, S. 138-143

Rühle, Heide, *Warum die Türkei kulturell zu Europa passt*, in: Rehberg, Karl-Siegbert (Hrsg.) Soziale Ungleichheit, Kulturelle Unterschiede, Verhandlungen des 32. Kongresses der Deutschen Gesellschaft für Soziologie in München 2004, Frankfurt/ Main 2006, S. 1126 - 1139

Sartre, Jean-Paul, *Betrachtungen zur Judenfrage*, in: Sartre, Jean-Paul, Drei Essays, Berlin 1966, S. 108-190

Sartre, Jean-Paul, Kritik der dialektischen Vernunft, Hamburg 1967

Scharpf, Fritz, Regieren in Europa. Effektiv und demokratisch, Frankfurt/Main 1999

Schatzker, Chaim, Die Juden in den deutschen Geschichtsbüchern. Schulbuchanalyse zur Darstellung der Juden, des Judentums und des Staates Israel, Bonn 1981

Scherer, Helmut/ Vesper, Simone, *Was schreiben die anderen? Ausländische Pressestimmen als Vorform paneuropäischer Öffentlichkeit – Eine Inhaltsanalyse deutscher Qualitätszeitungen*, in: Hagen, Lutz M. (Hrsg.), Europäische Union und mediale Öffentlichkeit. Theoretische Perspektiven und empirische Befunde zur Rolle der Medien im europäischen Einigungsprozess, Köln 2004, S. 195 - 211

Schmale, Wolfgang, *Eckpunkte einer Geschichte Europäischer Identität,* in: Nida-Rümelin, Julian/ Weidenfeld, Werner, Europäische Identität: Voraussetzungen und Strategien, Baden-Baden 2007, S. 63 - 85

Schulz, Günther, *Sozialgeschichte*, in: Schulz/ Buchheim/ Fouquet/ Gömmel/ Henning/ Kaufhold/ Pohl (Hrsg.), Wirtschafts- und Sozialgeschichte. Arbeitsgebiete, Probleme, Perspektiven, München 2005, S. 283-304

Schulze, Hagen, Europa: Nation und Nationalstaat im Wandel, in: Weidenfeld, Werner (Hrsg.), Die Europäische Union. Politisches System und Politikbereiche, Bonn 2004, S. 49 – 79

Schwab-Trapp, Michael, Diskurs als soziologisches Konzept, Bausteine für eine soziologisch orientierte Diskursanalyse, in: Keller/ Hirseland/ Schneider/ Viehöver (Hrsg.), Handbuch Sozialwissenschaftliche Diskursanalyse 1, Wiesbaden 2006, S. 263 - 285

Schwencke, Olaf, *Der Traum von Europa: Die Verwirklichung der Kulturidee*, in: Donig/Meyer/Winkler, Europäische Identitäten – Eine europäische Identität?, Baden-Baden 2005, S. 33-51

Fikentscher, Rüdiger (Hrsg), Kultur in Europa. Einheit und Vielfalt, Halle/Saale 2005

Segers, Rien T./ Viehoff, Reinhold, *Die Konstruktion Europas. Überlegungen zum Problem der Kultur in Europa,* in: Segers, Rien T./ Viehoff, Reinhold (Hrsg.), Kultur – Identität – Europa. Über die Schwierigkeiten und Möglichkeiten einer Konstruktion, Frankfurt/Main 1999, S. 9- 49

Seidendorf, Stefan, Europäisierung nationaler Identitätsdiskurse? Ein Vergleich französischer und deutscher Printmedien, Baden-Baden 2007

Semprún, Jorge/ Villepin, Dominique, Was es heißt, Europäer zu sein, Hamburg 2005

Siems, Siebo, Die deutsche Karriere kollektiver Identität. Vom wissenschaftlichen Begriff zum massenmedialen Jargon, Münster 2007

Smith, Anthony D., National Identity, London 1991

Staden, Berndt, Die Identität der Europäische Gemeinschaft, in: Außenpolitik 23, 1972

Stavrakakis, Yannis, Passions of Identification: Discourse, Enjoyment and European Identity, In: Howarth, David/ Torfing, Jacob, Discourse Theory in European Politics. Identity, Policy and Governance, 2005, S. 68-90

Steeg, Marianne van de, *Bedingungen für die Entstehung von Öffentlichkeit in der EU*, in: Klein, Ansgar etc.(Hrsg.), Bürgerschaft, Öffentlichkeit und Demokratie, Opladen 2003

Stoklosa, Katarzyna, *Gibt es ein gemeinsames Bild der Vertreibungen?*, in: Teply, Martin/ Meißner, Michael, Europäisches Geschichtsbild als Instrument zur Identitätsstiftung, Anspruch und Wirklichkeit einer Idee, Hamburg 2006, S. 27- 41

Straub, Jürgen, *Personale und kollektive Identität. Zur Analyse eines theoretischen Begriffs*, in: Assmann/Friese, Identitäten. Erinnerung, Geschichte, Identität 3, Frankfurt/Main 1998, S. 73- 104

Stross, Annette M., Ich-Identität. Zwischen Fiktion und Konstruktion, Berlin 1991

Süssmuth, Rita, *Geleitwort,* in: Donig/Meyer/Winkler, Europäische Identitäten – Eine europäische Identität?, Baden-Baden 2005, S. 10-13

Thalmaier, Bettina, *Möglichkeiten und Grenzen einer europäischen Identitätspolitik*, in: Nida-Rümelin, Julian/ Weidenfeld, Werner, Europäische Identität: Voraussetzungen und Strategien, Baden-Baden 2007, S. 169-195

Teetzmann, Doris, Europäische Identität im Spannungsfeld von Theorie, Empirie und Leitbildern, Göttingen 2001

Trenz, Hans-Jörg, Zur Konstituierung politischer Öffentlichkeit in der Europäischen Union. Zivilgesellschaftliche Subpolitik oder schaupolitische Inszenierung, Baden-Baden 2002

Trenz, Hans-Jörg, *Soziologische Perspektiven: Auf der Suche nach der europäischen (Zivil-)Gesellschaft*, in: Theorien der europäischen Integration, Wiesbaden 2005, S. 373-379

Wagner, Hartmut, Bezugspunkte europäischer Identität. Territorium, Geschichte, Sprache, Werte, Symbole, Öffentlichkeit – Worauf kann sich das Wir-Gefühl der Europäer beziehen?, Berlin 2006

Wagner, Peter, *Fest-Stellungen. Beobachtungen zur sozialwissenschaftlichen Diskussion über Identität*, in: Assmann/Friese, Identitäten. Erinnerung, Geschichte, Identität 3, Frankfurt/Main 1998, S. 44- 72

Wagner, Peter, *Hat Europa eine kulturelle Identität?*, in: Joas, Hans/ Wiegandt, Klaus, Die kulturellen Werte Europas, Frankfurt/ Main 2005, S. 494- 511

Wedl, Juliette, *Die Spur der Begriffe. Begriffsorientierte Methoden zur Analyse identitärer Zuschreibungen,* in: Kerchner, Brigitte/ Schneider, Silke (Hrsg.), Foucault: Diskursanalyse der Politik. Eine Einführung, Wiesbaden 2006, S. 308- 327

Wehler, Hans-Ulrich, *Der Türkei-Beitritt zerstört die Europäische Union*, in: Rehberg, Karl-Siegbert (Hrsg.) Soziale Ungleichheit, Kulturelle Unterschiede, Verhandlungen des 32. Kongresses der Deutschen Gesellschaft für Soziologie in München 2004, Frankfurt/ Main 2006, S. 1140-1150

Weidenfeld, Werner, *Europa – aber wo liegt es?*, in: Weidenfeld, Werner (Hrsg.), Die Europäische Union. Politisches System und Politikbereiche, Bonn 2004, S. 15-48

Weidenfeld, Werner, *Reden über Europa – Die Neubegründung des europäischen Integrationsprojekts*, in: Nida-Rümelin, Julian/ Weidenfeld, Werner (Hrsg.), Europäische Identität: Voraussetzungen und Strategien, Baden-Baden 2007, S. 11 - 28

Westheider, Rolf, *Europa ist nicht Europa – Zur Geschichte einer verhinderten Identität. Die Darstellung Europas in ausgewählten Geschichtslehrbüchern der Bundesrepublik Deutschland*, in: Pingel, Falk (Hrsg.), Macht Europa Schule? Die Darstellung Europas in Schulbüchern der Europäischen Gemeinschaft, Frankfurt/Main 1995, S. 15-62

Westle, Bettina, *Europäische Identifikation im Spannungsfeld regionaler und nationaler Identitäten. Theoretische Überlegungen und empirische Befunde*, in: Politische Vierteljahresschrift 44, 2003

Wimmler, Andreas, Transnationale Diskurse in Europa. Der Streit um den Türkei-Beitritt in Deutschland, Frankreich und Großbritannien, Frankfurt/ Main 2006

Wodak, Ruth, Zur diskursiven Konstruktion nationaler Identität, Frankfurt/Main 1998

Internetquellen

Mayring, Philipp (2000, Juni), Qualitative Inhaltsanalyse [28 Absätze]. Forum Qualitative Sozialforschung / Forum: Qualitative Social Research [On-line Journal],1 (2), Abrufbar über: http:// qualitative-research.net/fqs/fqs-d/2-00inhalt-d.htm [Zugriff: 18/05/2007]

Schulbücher

Bernlochner, Ludwig/ Birk, Giselher/ Gollhardt, Thomas/ Hammer, Ulrich (Hrsg.), Geschichte und Geschehen I. Oberstufe, Ausgabe A, 1. Aufl., Stuttgart 1995

Ballhausen, Hans-W./Birk, Giselherr, Bernlochner, Ludwig, Geschichte und Geschehen II. Oberstufe, Ausgabe A, 1. Aufl., Stuttgart 1995

Bahr, Frank, Horizonte I. Geschichte für die Oberstufe, Schülerbuch. 11. Schuljahr, 1. Aufl., Braunschweig 2003

Bahr, Frank, Horizonte II, Geschichte für die Oberstufe, Schülerbuch 12./ 13. Schuljahr, Braunschweig 2003

Geiss, Imanuel/ Ballof, Rolf/ Fricke-Finkelnburg, Renate (Hrsg.), Epochen und Strukturen, Grundzüge einer Universalgeschichte für die Oberstufe, Bd. 2, Frankfurt/Main 1996

Geiss, Imanuel/ Ballof, Rolf/ Fricke-Finkelnburg, Renate (Hrsg.), Epochen und Strukturen, Grundzüge einer Universalgeschichte für die Oberstufe, Bd. 1, Frankfurt/ Main 1994

Geisler, Ulrich/ Gehlhaar, Karl-Heinz, Gesellschaft – verstehen und handeln, Klasse 11-13, Leipzig 2001

Lendzian, Hans-Jürgen, Zeiten und Menschen 1. Geschichte, Oberstufe, Paderborn 2007

Lendzian, Hans-Jürgen, Zeiten und Menschen 2. Geschichte, Oberstufe, Paderborn 2006

Kurz-Gieseler, Stephan, Sozialkunde. Politik in der Sekundarstufe II, Paderborn 2003

Floren, Josef Franz (Hrsg.), Wirtschaft, Gesellschaft, Politik, Bd. 1 (Jahrgangstufe 11), Paderborn 2007

Floren, Franz Josef (Hrsg.), Wirtschaft, Gesellschaft, Politik, Jahrgangsstufen 12/13 (Bd.2), Paderborn 2006

Platen, Heinz-Peter, Gesellschaft im Wandel. Sozialwissenschaftliche Studien für die Sekundarstufe II, Braunschweig 2006

Detjen, Joachim, Demokratie in Deutschland und Europa. Sozialwissenschaftliche Studien für die Sekundarstufe II, Braunschweig 2006

Grosser, Dieter/ Bierling, Stephan (Hrsg.), Politik, Wirtschaft, Gesellschaft, Braunschweig 1997

Bärenbrinker, Frank/ Jakubowski, Christoph, Europa im 20. Jahrhundert. Die europäische Einigungsbewegung und das Europa der Menschen- und Bürgerrechte, Berlin 2004

Le Quintrec, Guillaume/ Geiss, Peter, Histoire/ Geschichte. Europa und die Welt seit 1945, Leipzig 2006

8. Anhang

Titel	Abkürzungen	Erscheinungsjahr
Geschichte und Geschehen	GG	Bd.1: 1995 Bd.2: 1995
Kursbuch Geschichte	KB	2001
Zeiten und Menschen	ZM	Bd.1: 2006; Bd.2: 2007
Horizonte	H	Bd.1: 2003; Bd.2: 2003
Epochen und Strukturen	ES	Bd.1: 1994; Bd.2: 1996
Gesellschaft verstehen und handeln	Gesell	2001
Sozialkunde. Politik in der Sekundarstufe II	Sozialk	2003
Wirtschaft-Politik-Gesellschaft	WPG	Bd.1: 2007; Bd.2: 2006
Gesellschaft im Wandel	GesellW	2006
Demokratie in Deutschland und Europa	DDE	2006
(Politik-Wirtschaft-Gesellschaft)	PWG	1997/ 2003

Ankerbeispiele

Geschichte

Textstellen, die in dieser Kategorie verortet wurden, geben dem Leser zu verstehen, dass es eine europäische Geschichte, wie auch immer diese aussehen mag, gibt:

„Ein Charakteristikum der europäischen Geschichte ist die politische und geografische Zersplitterung, was die dauerhafte Ausbildung von dezentralisierten Machtzentren förderte.“ (KB, 75)

„Griechenlands Geschichte erinnert in manchen Aspekten an die Geschichte Europas, in der die einzelnen Staaten sich wechselseitig bekriegt und kooperiert haben.“ (H I, 51)

Ereignisse/Epochen

Diese Kategorie umfasst alle Textstellen, die gewisse Epochen und Ereignisse als europäisch bezeichnet:

„Und dies war vielleicht die wichtigste Erbschaft der europäischen Aufklärung:
Sie gab den Menschen die Möglichkeit, der sie umgebenden Wirklichkeit mit Kenntnissen, Urteilskraft und einem moralisch bestimmten Wollen zu begrenzen. Nur so war die europäische Zivilisation in der Lage, das Wagnis der Moderne einzugehen.“ (KB, 91)

Die Aufklärung wird damit als europäisch und nicht als deutsch oder italienisch deklariert. Dem Leser wird dadurch vermittelt, dass gewisse Epochen oder Ereignisse europäischer Natur sind und somit etwas Verbindendes darstellen. Auch die Aussage „Der Krieg in Europa war zu Ende.“ (ZM,

387) in Bezug auf den 8. Mai 1945 gehört in diese Kategorie. Es wird durch diesen Satz davon ausgegangen, dass der 8. Mai in Europa die gleich Bedeutung hat: das Kriegsende. Ohne weitere Beschreibungen und Differenzierungen, ist dies ebenfalls eine Form der Europäisierung.
Diese vorhergehende Sinneinheit ist jedoch nicht nur ein Beispiel für die Europäisierung einer Epoche, sondern gibt dem Leser zu verstehen, dass eine „europäische Zivilisation" existiert, die zusätzlich in ihrer Gesamtheit die Moderne durchlaufen hat. Deshalb muss dieser Satz auch in der Kategorie Kultur codiert werden.

politisch-historisch

Die Inhalte dieser Kategorie können sich mit den vorhergehenden überschneiden. Jedoch liegt hier der Fokus auf historischen Gegebenheiten, die als politisch bezeichnet werden. Meist handelte es sich hierbei um Kriege:

„Erst die zweite europäische Katastrophe in diesem Jahrhundert – der Zweite Weltkrieg, die nationalsozialistische Diktatur und die expansive Sowjetunion – ebneten den Weg für die Vereinigung Europas" (H II, 557)

„Mit der relativen Geschlossenheit im Innern konnte Richelieu in den ersten europäischen Hegemonialkrieg der Neuzeit erfolgreich eingreifen, den Dreißigjährigen Krieg (1618-1648), um Frankreichs seit dem Kampf ums burgundische Erbe 1477 traditionelle Feinde auf dem Kontinent zu schwächen, den Habsburger Kaiser und Spanien." (ES II, 10)

wirtschaftlich-historisch

In dieser Kategorie wurden alle historischen Gegebenheiten aufgenommen, die einen Bezug auf die damalige Wirtschaft bilden und diese letztlich als europäisch bezeichnen:

„Der Kolonialhandel veränderte auch die Wirtschaftsstruktur Europas." (GG, 195)

Die Formulierung „die Wirtschaftsstruktur Europas“ vereinheitlicht in dem Maße, in dem diese im Singular dargestellt wird. Zur Zeit des Kolonialismus gab es demnach eine einheitliche Wirtschaftstruktur innerhalb Europas.
Im Gegensatz zur Kategorie Wirtschaft handelt es sich hier nur um Phänomene, die keinen Bezug zur Gegenwart besitzen.

<u>sozial-historisch</u>
In dieser Kategorie wurden alle historischen Entwicklungen aufgenommen, die auch die Sozialgeschichte zum Gegenstand hat. Neben ihrer speziellen Methode handelt es sich dabei vor allem um Aspekte des Sozialen aus historischer Perspektive (Schulz 2005: 283).

„Der europäische Widerstand gegen Hitlers Diktatur war eine Wurzel der Europabewegung nach dem Zweiten Weltkrieg; eine andere war der Kalte Krieg: Ohne die beiden großen Despoten des 20. Jahrhunderts, Hitler und Stalin, wäre eine europäische Einigungsbewegung, die das erste Mal in der Geschichte des Kontinents dauerhafte, übernationale Institutionen hervorbringen sollte, nicht möglich gewesen.“ (H II, 562)

„In der griechischen Polis entwickelten sich die Anfänge der europäischen Stadt.“ (H I, 40)

Hier liegt die Frage nach Codierbarkeit im Detail. Im ersten Satz ist der europäische Widerstand als Singular angeführt. Es wird nicht von europäischen Widerstandsbewegungen geschrieben, sondern von *dem* Widerstand, der darüber hinaus auch noch europäisch war. Dies lässt aus Sicht des Lesers die Schlussfolgerung zu, dass es sich dabei um eine Bewegung handelte, die europaweit verbunden war und damit in gleichem Maße Teil der nationalen Geschichte ist.
Der zweite Satz ist weniger kritisch, das Phänomen Stadt ist in Europa demnach gleich, da von „der europäischen Stadt“ geschrieben wird. Da die Betonung jedoch auf der griechischen Polis liegt, wird dieser Satz unter der Oberkategorie Geschichte und nicht unter Kultur verordnet.

Personen

Diese Kategorie ist sehr eindeutig. In ihr werden alle historischen Persönlichkeiten aufgenommen, die als Europäer vorgestellt werden und deren nationale Herkunft dem Leser verborgen bleibt.

„Thukydides wird zum ersten Historiker Europas, der Geschichte kritisch wertet." (H I, 77)

Politik

Im Gegensatz zu den Kategorien Geschichte und Kultur, ist die Kategorie Politik viel statischer zu verstehen. Europäisierungstendenzen sind deshalb an dieser Stelle viel seltener zu finden. So kann bspw. ein Artikel im Grundgesetz der BRD nicht als europäisch bezeichnet werden, da dies eine komplett falsche Aussage wäre. Die Frage, was an der Politik als europäisch bezeichnet wird, muss sich innerhalb dieser Unterkategorien um die Frage erweitern, was an der Politik der Europäische Union, besonders häufig betont wird. Das vermittelte Bild des politischen Systems der EU steht hier im Vordergrund.

„Die konfliktreiche Diskussion um das Endziel des Einigungsprozesses – Bundesstaat oder Staatenbund – ist eine Grundkonstante der europäischen Integration." (ES II, 451)

„Die Geschichte der Europäischen Union ist daher von Phasen der sprunghaften Entwicklung, Rückschlägen und nur mühsamen Kompromissen geprägt." (ES II, 451)

Unter der Oberkategorie Politik wurden alle Phänome subsumiert, die die EU als politisches System charakterisieren und deren Merkmale keiner der anderen Unterkategorien zuzuordnen sind.

Wirtschaft

Alle Sinneinheiten, die die Wirtschaft der EU oder die EU mittels wirtschaftlicher Merkmale charakterisieren, wurden in diese Unterkategorie aufgenommen.

„Schon heute ist die EU für rund 80% der Wirtschafts-Gesetzgebung zuständig.“ (SS I, 142)

„Bereits in den Römischen Verträgen wurde die Errichtung eines Gemeinsamen Marktes unter den Mitgliedsländern beschlossen“ (PWG I, 194)

„Innerhalb der EU ist festgelegt, dass die Mehrwertsteuersätze in einer Spannbreite zwischen 5% und 25% liegen müssen.“ (WGP II, 332)

Durch diesen Satz bekommt der Leser vermittelt, welche Bedeutung die EU für die Wirtschaft hat. Dabei kann nicht die europäische „Wirtschafts-Gesetzgebung“ gemeint sein, da eine solche nicht existiert. Die Angabe „80%“ bezieht sich deshalb auf die nationale. Obwohl es sich dabei nicht um eine Europäisierung im eigentliche Sinne handelt, wurden derartige Sinneinheiten codiert, um später analysieren zu können, in welchem Maße das politische System der EU über wirtschaftliche Aktivitäten beschrieben wird.

Handel

Diese Kategorie ähnelt stark der vorherigen. An dieser Stelle werden alle Sinneinheiten codiert, die den Handel der EU oder innerhalb der EU als ihr Wesensmerkmal darstellen.

„Zusätzlich zum Ausbau des Welthandels entstanden mehrere regionale Integrationsgebiete von großer ökonomischer Bedeutung, wie die Europäische Union, die Nordamerikanische Freihandelszone NAFTA, die AFTA, aber auch der MERCOSUR.“ (WPG II, 351)

Die Europäische Union wird mit diesem Satz dem Leser als Handelsgemeinschaft präsentiert.

Wohlfahrtsstaat

Diese Kategorie umfasst alle Aussagen über die Sozialpolitik in Europa und der EU. Ziel ist es, zu erfahren, inwieweit der Wohlfahrtsstaat als europäisches Phänomen bezeichnet wird.

„[…], aber ohne Einwanderung werden die Sozialleistungen in ganz Europa innerhalb einer Generation massiv gekürzt werden“ (Sozialk, 331)

Durch diesen Nebensatz wird ausgesagt, dass Sozialleistungen in ganz Europa existieren. Er bezieht sich auf den demographischen Wandel, der wiederum unter der Kategorie Lebensweise codiert wird. Die Bedrohung der Sozialleistungen durch fehlende Einwanderung wird in dieser Aussage als Gemeinsamkeit dargestellt und darüber hinaus indirekt auch das Fundament der Sozialleistung – eine stabile demographisches Entwicklung.

Agrarpolitik

Im Pretest wurde festgestellt, dass speziell in den Kapiteln über die Europäische Union oder die europäische Integration ein starker Bezug auf die Agrarpolitik genommen wurde. Daher wurde diese als gesonderte Unterkategorie aufgenommen.

„Schwerpunkt der EWG war jedoch die Integration des Agrarsektors, die bis heute den größten Teil der Finanzen und Verwaltungsaufgaben der Gemeinschaft in Anspruch nimmt. Mindestpreis- und Abgabegarantien stärkten die Landwirtschaft und verhalfen den Bauern zu einem an der allgemeinen Einkommensentwicklung orientierten Unterhalt.“ (ES II, 453)

Durch diesen Satz wird dem Leser vermittelt, welche Bedeutung die Agrarpolitik für die Europäische Union hat.

Verträge

In dieser Kategorie werden alle Sinneinheiten erfasst, die den Leser über

Verträge, die auch namentlich erwähnt werden müssen, informieren.

„Die Weltfrauenkonferenz von Peking 1995 entwickelte das Konzept des ‚Gender Mainstreaming', das mit dem Vertrag von Amsterdam 1997 auch Rechtsnorm in der Europäischen Gemeinschaft ist" (Sozialk, 114)

„Auf einer Konferenz des europäischen Rates im Dezember 1991 einigten sich die Staats- und Regierungschefs nach schwierigen Verhandlungen auf den Vertrag über die Europäische Union." (PWG I, 194)

Anhand des ersten Beispielsatzes wird darüber hinaus deutlich, dass Sinneinheiten auch unter verschiedenen Kategorien codiert werden können. So gibt der Satz Auskunft über den Vertrag von Amsterdam. Ferner erfährt der Leser, dass *Gender Mainstreaming* eine Rechtsnorm in der EU ist. Da dieses Konzept auf Gleichberechtigung zielt und diese wiederum Teil der Menschenrechte ist, wird der Satz auch in der Kategorie Menschenrechte aufgenommen.

Institutionen

Diese Kategorie kann als einfach bezeichnet werden, da alle Sinneinheiten aufgezählt wurden, die über Institutionen der Europäischen Union Auskunft geben.

In den Schulbüchern, die meist eine sehr komprimierte Darstellung abgegeben, wurden auf kleinem Raum meist viele Institutionen genannt. Ein Aufzählen aller genannten Institutionen innerhalb eines Satzes hätte ein falsches Bild ergeben, und so wurde ein Abschnitt, in dem die Europäische Kommission erläutert wurde, als eine Sinneinheit codiert, auch wenn in dieser das Europäische Parlament genannt wurde.

„Die Europäische Kommission kann Kartelle verbieten, Fusionen und staatliche Beihilfen kontrollieren und bei Übertretungen Strafen verhängen" (Sozialk, 179)

„Exekutivorgan der Gemeinschaft ist die von den Einzelstaaten beschickte

Europäische Kommission in Brüssel, deren einvernehmlich ernannter Präsident (1985 der Franzose Jacque Delors, seit 1995 der Luxemburger Jacques Santer) die Gemeinschaft nach außen vertritt." (ES II, 454)

„An die Organe der EU werden hohe Ansprüche gestellt." (SS II, 146)

Diese Aussagen geben Merkmale der Institutionen der Europäischen Union wieder und wurden deshalb in dieser Kategorie aufgenommen.

Außenpolitik

Alle Aussagen, die über eine europäische Politik außerhalb Europas Auskunft geben, wurden in dieser Kategorie aufgenommen.

„Europa ist nach dem Ende des Ost-West-Konflikts zu einem wesentlichen Ordnungsfaktor in der Welt geworden, denn mit dem Abbau der Konfrontation der Weltmächte vollzogen die USA und Rußland zugleich einen partiellen Rückzug aus Europas Mitte." (ES II, 457)

Demokratie

Alle Sinneinheiten, die die Demokratie als Wesensmerkmal Europas benennen oder als eine spezielle Form der Demokratie in Europa deklarieren, werden in dieser Kategorie verzeichnet.

„Die Demokratie ist in Europa und den USA als „Arbeits-Demokratie" auf die Welt gekommen – in dem Sinne, dass die Demokratie auf der Beteiligung an Erwerbsarbeit beruht." (Sozialk, 213)

„Europa schenkte der Welt die Grund- und Menschenrechte und die Demokratie, von diesem Kontinent gingen beide Weltkriege aus." (ZM, 472)

Menschenrechte

Wie bereits erläutert, werden in dieser Kategorie alle Aussagen aufgenommen, welche die Menschenrechte als genuin europäisch bezeichnen bzw. ihren Schutz als Beitrittsbedingung zur EU nennen.

„So wie sich die Frauenbewegung schon immer im europäischen und internationalen Kontext sah, verpflichten sich heute die Organisationen der Europäischen Union und der Vereinten Nationen auf das Gleichberechtigungsziel“ (Sozialk, 102)

„Der einflussreichste Begründer der Menschenrechtslehre war John Locke (1632-1704), der dem Menschen von Natur aus das Recht auf Leben, Freiheit und Eigentum zusprach. Diese europäische Idee der Menschenrechte fand ihre kodifizierte Form in der Erklärung der Menschenrechte durch die Unabhängigkeitserklärung der USA (1776) und in der Französischen Revolution (1789). Seit dieser Zeit gelten die Idee und die Praxis der Demokratie als Inbegriff jeder fortschrittlichen europäischen Verfassung.“ (ZM II, 477)

Kultur

Alle Entitäten, die der Kategorie Kultur zugeordnet werden, jedoch keine Ausdifferenzierung durch ihre Formulierung zulassen, werden in dieser Kategorie aufgenommen.

„Europäisches Denken ist rational und von technischem Fortschrittsoptimismus geprägt“ (ZM, 475)

„Das heutige europäische Bewusstsein speist sich aus kulturellen Traditionen, die in ihrer Entstehungszeit nicht ‚europäisch‘ genannt wurden“ (ZM, 475)

In diesen beiden Beispielssätzen wird von Denken und Bewusstsein gesprochen, beides wird erläutert und als europäisch bezeichnet. Da Denken und Bewusstsein in keine der Unterkategorien aufgenommen werden können, werden sie in der Oberkategorie Kultur aufgenommen.

Werte

Die europäische Gesellschaft ist, so kann im Diskurs gelesen werden, eine Wertegemeinschaft in doppelter Hinsicht. Die Europäer geben in Umfragen ähnliche Werteprioritäten an. Darüber hinaus ist die EU hinsichtlich ihrer Beitrittsvoraussetzungen eine normative Wertegemeinschaft. Ob dies im Schulbuch vermittelt wird, soll durch diese Kategorie untersucht werden.
Im Pretest jedoch konnten keine Aussagen zu gemeinsamen Werten gefunden werden.

Individualismus/Individualität

Die herausgehobene Stellung des Individuums und dessen Schutz werden im Diskurs als europäische Merkmale proklamiert. Finden sich solche Annahmen auch im Schulbuch wieder? Dies soll mit dieser Kategorie beantwortet werden können. Dabei soll es keine Rolle spielen, ob dies in Bezug auf die Geschichte oder die Gegenwart geschieht.
Im Pretest konnte jedoch kein europäischer Bezug hinsichtlich dieser Kategorie gefunden werden.

Bildung

Europa gilt als Ursprungsort der Moderne. In dieser wurde eine universelle Bildung des Individuums als Voraussetzung des Fortschritts angesehen.
Gilt Bildung heute noch immer als Wert, der als besonders europäisch bezeichnet wird?
Im Pretest konnten keine Anhaltspunkte ermittelt werden.

Kapitalismus

Unter der Oberkategorie Kultur wurde hier zusätzlich zur Unterkategorie *Wirtschaft*, die wiederum der Oberkategorie Politik zugeordnet wurde, eine Unterkategorie Kapitalismus aufgenommen. Hier werden alle Bezüge ausgezählt, die auf eine spezifische Form des Kapitalismus eingehen und diese auch als europäische bezeichnen. Die Ideen hinter dem Begriff Kapitalismus stehen hier im Vordergrund:

„Im 19. Jahrhundert wurden zahlreiche europäische Volkswirtschaften nach den Ideen des Liberalismus und dem Modell der freien Marktwirtschaft ausgestaltet." (WPG I, 93)

Durch diese Kategorien soll es möglich sein, Überlegungen aus dem Diskurs zu einer spezifisch europäischen Form des Kapitalismus hinsichtlich ihrer Reproduktion im Schulbuch zu ermöglichen.

Antisemitismus

Antisemitismus konnte in der Diskursanalyse nicht als europäisches Merkmal gefunden werden. Der Pretest zur Analyse der Schulbücher ergab jedoch, dass Antisemitismus direkt und indirekt als europäisch bezeichnet wird. Daher wurde dieser in der als Unterkategorie aufgenommen.

„Der europäische Antisemitismus reicht bis früh in das Mittelalter zurück" (ZM, 350)

„Das 19. Jahrhundert war in Europa ein Jahrhundert der nationalen Bewußtwerdung. [...] Gesellschaften, die mit geringem Integrationsgrad der Juden in das Zeitalter des Nationalismus eintraten, waren für Antisemitismus besonders anfällig." (ES II, 470)

Philosophie

Mittels dieser Kategorie soll überprüft werden, ob es eine Philosophie gibt, die als europäisch bezeichnet wird bzw. ob die Entwicklung der modernen Philosophie als genuin europäisch gilt.
„[...] dieses Problem zu lösen, macht den zentralen Inhalt der europäischen politischen Theorie von der Antike bis zur Neuzeit aus" (Sozialk, 377)

Religion

Wie bereits erläutert, findet im Diskurs die gemeinsame christliche Vergangenheit eine große Betonung. Durch diese Kategorie soll ausgezählt werden, wie oft das Christentum als europäisch bzw. als Teil der europäischen Vergangenheit bezeichnet wird

„Unabhängig von der Wahrnehmung der Zeitgenossen gilt neben der griechisch römischen Antike sowie den keltischen, romanischen und germanischen Volkskulturen aufgrund seiner Prägekraft das Christentum als eines der Fundamente Europas" (ZM I, 476)

Sprache

Es gibt keine lingua franca in Europa. Daher kann a priori von keiner europäischen Sprache im Schulbuch die Rede sein. In diese Kategorie soll deshalb die Sprachenvielfalt aufgenommen werden.

„In diesem Europa werden 21 Sprachen gesprochen" (ZM, 472)

Lebensweise

In der Diskursanalyse kam zum Ausdruck, dass es Ähnlichkeiten in den alltäglichen Lebensweisen innerhalb Europas gibt. Diese Kategorie soll Aufschluss darüber geben, ob es Darstellungen einer europäischen Lebensweise gibt.

„Die europäischen Verbraucher aber, die Genlebensmittel mehrheitlich kategorisch ablehnen, können häufig nicht erkennen, ob ihre Schokolade genmanipuliertes Lecithin enthält." (SW, 23)

„Kennzeichnend für Deutschland wie für alle Länder der Europäischen Union ist der *Prozess der demographischen Alterung*, der sich aus zwei Teilprozessen zusammensetzt: Die Bevölkerung altert von unten (durch ein langfristig niedriges Geburtenniveau) und sie altert von oben (durch steigende Lebenserwartung Älterer)." (WGP II, 124/125)

Das erste Zitat gibt die Ähnlichkeit der Verhaltensweisen von Verbrauchern an und bezeichnet letztere sogar als europäisch. Demographische

Probleme werden im zweiten Zitat als europäisch dargestellt. Ihre Ursache lassen auf ähnliche Verhaltensweisen in Europa schließen.

Nationalismus/ Nationalstaatlichkeit

In der Untersuchung des Diskurses zur europäischen Identität tritt dem Leser häufig die Nationalstaatlichkeit als europäisches Merkmal entgegen. Inwieweit die Idee der Nationalstaatlichkeit für die Konstitution einer kollektiven Identität in Europa in den Schulbüchern von Bedeutung ist, soll mit dieser Kategorie erfasst werden.

„Die Entwicklung von Nationalstaaten und Nationalkulturen, die die moderne europäische Geschichte prägten, gab es in dieser Form nur in Europa." (ZM, 477)

„Die Verfechter einer europäischen Einheit bewegten sich stets auf sensiblem politischem Terrain, denn staatliche Vielfalt ist seit dem Mittelalter ein charakteristisches Merkmal Europas." (ES II, 449)

Europas Zersplitterung in Nationen und Nationalstaaten wird in diesen Zitaten als besonders charakteristisch dargestellt. Nationalstaatlichkeit und Nationalismus kennzeichnen Europa noch heute und können deshalb nicht in die Kategorie Geschichte aufgenommen werden. Da der Nationalstaat nicht nur ein institutionelles Gefüge, sondern auch eine Idee ist, wurde sich dafür entschieden diese Kategorie, unter dem Thema Kultur zu subsumieren.

Abgrenzungen

Während der theoretischen Auseinandersetzung mit dem Thema der nationalen Identität, wurde Abgrenzung als Merkmal kollektiver Identitäten genannt. Dies bedeutet nicht a priori, dass das eigene Kollektiv sich positiv von anderen Kollektiven abgrenzt, sondern lediglich ein Verweis auf die Existenz der Anderen.

„Wie sich Europa auch immer abgrenzt, es bleibt das Problem seiner Außenbeziehungen, insbesondere des Verhältnisses zur in Konflikten versinkenden „Dritten Welt.“ (ES II, 457)

„Inzwischen folgten südostasiatische ‚Aufholländer', vor allem Taiwan, Südkorea, Singapur, Hongkong, dem japanischen Beispiel. [...] Mit billigen, technisch anfangs einfachen, später auch komplizierten Produkten stiegen sie zu Konkurrenten der Japaner, Europäer und Amerikaner auf.“ (PWG II, 137)

In der Oberkategorie Abgrenzung werden alle Verweise aufgezählt, die das Thema allgemein ansprechen und die, welche Bezug auf andere Kollektive nehmen, die nicht in den Unterkategorien verzeichnet sind.
Es soll dadurch geprüft werden, wie oft die Staaten Europas als Europa im Zusammenhang mit dem Verweis auf andere Kollektive bezeichnet werden.

USA

Die Abgrenzung von den USA wurde bereits in der Diskursanalyse thematisiert. Durch diese Unterkategorie soll untersucht werden, ob und wie oft Europa als Europa und die Europäer als Europäer in Bezug auf die USA bezeichnet werden. Antiamerikanismus kann dabei jedoch analysiert werden.

„Der amerikanische und der europäische Traum enthalten in ihrem Kern zwei einander diametral entgegengesetzte Vorstellungen von Freiheit und Sicherheit“ (ZM, 498)

„In der Theorie ist dies am besten bei einer *Kaufkraftparität* zu erreichen. Die liegt dann vor, wenn sich ein Europäer, der seine Euro in Dollar umtauscht, in den Vereinigten Staaten dieselbe Menge und dieselbe Qualität an Waren leisten kann wie Euroland.“ (WGP II, 299)

An diesen beiden Beispielen wird deutlich, dass es zum einen den ‚europäische Traum' und zum anderen ‚den Europäer' gibt, wenn man gleichzeitig von den USA spricht.

Islam

Mittels der Diskursanalyse wurde deutlich, dass die Türkei vor allem auf Grund der Religion als Mitgliedsland der EU abgelehnt wird. In dieser Kategorie werden daher alle Merkmale Europas, die im Zusammenhang mit dem Islam genannt werden, ausgezählt.
Der Pretest ergab keinen Bezug auf die Angrenzung zum Islam.

Russland/SU

Im Diskurs wird Europa bisweilen als Supermacht bezeichnet. Mit dieser Kategorie soll geprüft werden, wie oft in Bezug auf Russland bzw. die Sowjetunion (SU) von Europa die Rede ist.

„Nach dem Verlust der kollektiven Hegemonialstellung Europas in der Welt zugunsten der neuen ‚Supermächte' USA und UdSSR sowie der Spaltung des Kontinents waren erste Anläufe zur Einigung vielfältig motiviert."

Es ist hier nicht von den europäischen Staaten, sondern von Europa und ihrer Hegemonialstellung die Rede. Neben den USA und der UdSSR erscheint Europa als dritte Weltmacht.

Türkei

Mittels dieser Kategorie soll überprüft werden, wie oft die Türkei als das ‚Andere' im Vergleich zur EU oder zu Europa dargestellt wird.

„Die EU muss ihre Türen schließen, zum Beispiel für die Türkei." (GVH, 259)

***ibidem*-Verlag**

Melchiorstr. 15

D-70439 Stuttgart

info@ibidem-verlag.de

www.ibidem-verlag.de
www.ibidem.eu
www.edition-noema.de
www.autorenbetreuung.de

Zeitfracht Medien GmbH
Ferdinand-Jühlke-Straße 7
99095 Erfurt, Deutschland
produktsicherheit@kolibri360.de